Wilhelm Friedrich Karl Stricker

Goethe und Frankfurt am Main

Die Beziehungen des Dichters zu seiner Vaterstadt

Wilhelm Friedrich Karl Stricker

Goethe und Frankfurt am Main
Die Beziehungen des Dichters zu seiner Vaterstadt

ISBN/EAN: 9783742816221

Hergestellt in Europa, USA, Kanada, Australien, Japan

Cover: Foto ©Andreas Hilbeck / pixelio.de

Manufactured and distributed by brebook publishing software
(www.brebook.com)

Wilhelm Friedrich Karl Stricker

Goethe und Frankfurt am Main

GOETHE UND FRANKFURT AM MAIN: DIE BEZIEHUNGEN DES DICHTERS...

Wilhelm Friedrich Karl Stricker

Goethe und Frankfurt am Main.

Die Beziehungen des Dichters zu seiner Vaterstadt.

Dargestellt von

Dr. Wilhelm Stricker

zu Frankfurt a. M.

Wie auch der Mensch ins Weite sich entfalte,
Wie er auch strebe, Welten zu durchmessen,
Gekettet bleibt er immer an die Scholle,
Auf die der Zufall der Geburt ihn warf.

Berlin SW. 1876.

Verlag von Carl Habel.

(C. G. Lüderitz'sche Verlagsbuchhandlung.)

33. Wilhelm-Straße 33.

Kein deutscher Dichter hat seiner Vaterstadt ein so schönes Ehrendenkmal gesetzt als Goethe. Trieb das Schicksal so viele Andre früh fort von der Stätte der Geburt, ehe die Umgebungen einen Einfluß auf ihre Bildung üben konnten, so war es ihm vergönnt, diesen Einfluß mit Bewußtsein zu empfinden. Goethe hat die Einwirkung seiner Umgebungen, der todten wie der belebten — mit unerreichter psychologischer Meisterschaft wiedergegeben; Frankfurt in der Epoche von 1762—1778 und die bedeutenden Männer der Stadt sind jedem Gebildeten in Deutschland bekannt. Und doch! Wie viel fehlt zu einem vollen befriedigenden Verständniß dieser Lebens- und Bildungsgeschichte für Jeden, der ihren Schauplatz gar nicht oder nur unvollkommen kennt? Vieles hat Goethe, als er „Dichtung und Wahrheit" herausgab, nur anzudeuten für passend gehalten, was jetzt unbedenklich ganz ausgesprochen werden kann. In manchen Punkten hat sein Gedächtniß ihn getäuscht. Viele Localitäten, welche er erwähnt, sind jetzt vollständig umgeändert, während andre mit seltener Treue ihr alterthümliches Gepräge bewahrt haben. Die Goetheliteratur und die Frankfurter Localliteratur haben mit seltener Rüstigkeit sich in die Hände gearbeitet, um alle Puncte in wünschenswerthe Klarheit zu setzen. Die Kenntniß dieser Literatur in Ver-

bindung mit langjähriger topographischer Anschauung der Stadt
ist die Grundlage, auf welcher der Verf. in möglichst knapper
Form den Commentar zu Goethe's Denkwürdigkeiten, soweit sie
Frankfurt betreffen, aufzubauen gedenkt. Den Citaten ist die sechs-
bändige Ausgabe von Goethe's Werken von 1860 zu Grunde
gelegt, welche durch ihr vollständiges Namenregister das Aufsuchen
der einzelnen Persönlichkeiten erleichtert.

Die Regierungsform der Stadt Frankfurt, welche seit 1495
das Recht einer Reichsstadt erlangt hatte, bezeichneten die Kenner
derselben als „eine gemäßigte Aristokratie" oder als „aus Aristokratie und Demokratie zusammengesetzt". Ihre Grundlage war
zunächst der aus dem Aufstand der Jahre 1612—16 hervorgegan-
gene Vertrag. Bis 1612 lag, nachdem die Bewegung von 1525
mit dem Bauernkrieg niedergeschlagen worden war, das Stadt-
regiment in den Händen des Patriciats, d. h. derjenigen Familien,
welche als die Mitglieder der Ganerbschaft Alt-Limburg einen
festgeschlossenen Adelsverein bildeten. Aus ihrer Mitte waren
die zwei ersten Rathsbänke beinahe gänzlich besetzt und obwohl die
dritte Bank für die Handwerker bestimmt war, so wählten doch
nicht die Zünfte, sondern auch diese Stellen wurden nach der
Wahl des Raths besetzt, und es wurde dafür gesorgt, daß diese
keine Leute traf, welche den Patriciern Opposition machen würden.
Weder bei der Gesetzgebung, noch bei der Verwaltung der Stadt
war die Bürgerschaft betheiligt, die Finanzen der Stadt aber
waren arg zerrüttet. Nun verlangten 1612 die Bürger die Mittheilung der kaiserlichen Privilegien und brachten mancherlei Be-
schwerden vor. Der Rath wandte sich an den Kaiser um Hülfe,
der nun Commissarien zur Beilegung der entstandenen Wirren

ernannte, und mit deren Genehmigung kam der sogenannte
Bürgervertrag von 31. December 1612 zu Stande. Darnach
sollte der Rath vorübergehend um 18 Mitglieder vermehrt werden,
welche die Bürger in doppelter Anzahl vorschlugen. Es sollten
nie mehr als 14 Limburger und überhaupt nicht zu nah verwandte
Personen im Rathe sein; es sollte eine Commission von neun
Männern jährlich die Stadtrechnungen prüfen, die ganze Bürgerschaft sich in Zünfte oder Gesellschaften begeben u. s. w. Ueber
die Ausführung dieses Vertrags aber entstanden von Neuem
Streitigkeiten und große Unruhen, die schließlich zu dem Decrete
der Kaiserlichen Commission von 1616 und zur harten Bestrafung
der Aufrührer, an deren Spitze Vincenz Fettmilch stand, führten.
In diesem Decret, „das Transfix“ genannt, wurden die meisten
Bestimmungen des Bürgervertrags wieder aufgehoben, die Zünfte
und Stubengesellschaften (mit Ausnahme der Limburger, der
Frauensteiner und des Graduirtencollegiums) wurden cassirt, der
Neunerausschuß wurde stillschweigends abgeschafft. Anstatt der
Zünfte unter gewählten Zunftmeistern standen nun blos Gewerb-
vereine unter Geschworenen, die der Rath ernannte. Die Bürgerschaft wurde seit 1614 in Quartiere, zuletzt 14 an der Zahl, zu-
meist zu kriegerischen und Polizei-Zwecken, eingetheilt und die
Vorsteher oder Capitäne derselben bildeten fortan das Mittelglied
zwischen Rath und Bürgerschaft, freilich ohne irgend welche poli-
tische Rechte [1]). So hatte jetzt der Rath gesiegt, aber die Erfüllung
der an sich berechtigten Forderungen der Bürgerschaft war damit
nur hinausgeschoben. Zu Anfang des 18. Jahrhunderts erneuerte
sich der Streit. Nach der Huldigung, welche die Stadt 1705
dem neuen Kaiser Joseph I. leistete, baten die bürgerlichen Ober-
officiere der 14 Quartiere im Namen der Bürgerschaft um Bestä-
tigung der Kaiserlichen Privilegien und um Abhülfe ihrer Beschwer-

ben gegen den Rath. Der Kaiser ernannte 1713 je für die politischen und Rechnungssachen eine eigene Commission, und durch die Kaiserlichen Hauptresolutionen von 1725, 26 und 32 wurden die Irrungen beigelegt. Der Bürgervertrag wurde in manchen Punkten gebessert, ein selbständiger Bürgerausschuß, das sogenannte „Colleg der Einundfünfziger" zur Vertretung der Bürgerschaft eingesetzt, die sog. „bürgerliche Gegenschreiberei" eingerichtet und das „Neuner-Colleg" zur Controle der Finanzverwaltung wiederhergestellt. Der Rath bestand aus 43 Mitgliedern, die in drei Bänke, jede zu 14 Mitglieder, abgetheilt waren. Zu der ersten oder „Schöffenbank" gehörte seit 1606 auch der Gerichtsschultheiß, wodurch diese Bank auf 15 Mitglieder kam. Ursprünglich war der Schultheiß der kaiserliche Statthalter gewesen; die Stadt kaufte seine Stelle, nachdem sie dieselbe mehrmals pfandweise erworben, 1372 endgültig an sich, wodurch der Schultheiß der erste städtische Beamte wurde, seit Karl VII. auch durch seine Stelle „kaiserlicher Rath." Gleich nach dem Tod eines Stadtschultheißen wurde zur Wahl seines Nachfolgers geschritten; es geschah dies weniger wegen einer um die Mitte des achtzehnten Jahrhunderts noch obwaltenden Unsicherheit der Ansprüche[2]), denn noch 1648 und 1680 hatte der Kaiser das Wahlrecht der Stadt selbst als „wohlfundirt" anerkannt, als aus alter Gewohnheit.

Bei der Wahl schrieb jedes Rathsglied drei Schöffen auf einen Zettel, die drei meistbestimmten kamen in die Kugelung und die goldene Kugel schuf den Schultheißen. Der Rath, an dessen Spitze zwei jährlich neu gewählte Bürgermeister standen, hatte die Verwaltung der Stadt und übte die Rechte der Landeshoheit aus. Die Bürgerschaft wurde vertreten durch den Ausschuß der 51er, der sich durch eigene Wahl ergänzte, durch die Neuner, welche der Ausschuß vorschlug, durch die 28er, aus den

14 Quartieren erwählt, und durch die Dreier, welche die Wahlen zu den städtischen Aemtern controlirten. Im reichsstädtischen Collegio hatte Frankfurt auf der rheinischen Bank seinen Sitz und gehörte zum oberrheinischen Kreise.

Die Staatskirche in Frankfurt war die lutherische. Katholiken und Reformirte waren aus dem Rath ausgeschlossen. Die drei Collegiatstifte zu St. Bartholomäus, St. Leonhard und zu Unsrer Lieben Frauen auf dem Berg, sowie die drei Klöster der Carmeliter, Dominicaner und Kapuziner behaupteten, in Folge kaiserlicher Privilegien der städtischen Jurisdiction nicht untergeben zu sein und zu der Stadt nur im Verhältniß von Nachbarn zu stehen; sie standen unter dem Schutze des Kurfürsten von Mainz und die Collegiatstifte noch unter sich in enger Verbindung. Dieß Verhältniß trug in sich den Keim zahlreicher Zerwürfnisse, sowohl wenn die Stadt eine Verbesserung einführen wollte, bei welcher die Mitwirkung der katholischen Corporationen nicht entbehrt werden konnte, als auch wenn sie zu ungewöhnlichen Contributionen der Stadt herangezogen werden sollten. Auch der Zutritt zu den Zünften wurde den Katholiken erschwert. Den Reformirten gegenüber, welche mit Reichthum, Handelsgewandtheit und auswärtigen Verbindungen ausgestattet waren, nahm die Eifersucht der lutherischen Bürgerschaft den Mantel der Rechtgläubigkeit um. — Reformirte Niederländer trafen 1555 in Frankfurt ein, aber schon 1561 wurde ihnen der öffentliche reformirte Gottesdienst untersagt, worauf viele wegzogen und ihren Reichthum und ihre Betriebsamkeit der Pfalz (Frankenthal-Schönau, St. Lambrecht) und der Grafschaft Hanau zukommen ließen. In dem zu dem letztgenannten Gebiete gehörigen Flecken Bockenheim hielten die Frankfurter Reformirten seit 1595 ihren Gottesdienst. 1601 wurde ihnen erlaubt, vor dem Bockenheimer

Thore von Frankfurt ein hölzernes Bethaus aufführen zu lassen, aber schon 1608, nachdem eine Feuersbrunst das Bethaus zerstört hatte, wurde jenes Zugeständniß wieder zurückgenommen. Vergebens waren wiederholte Gesuche beim Rath, vergebens die Verwendung der benachbarten reformirten Fürsten. 1686 wurde sogar im Rath beschlossen, keine weitere Vorstellung der Reformirten in dieser Sache anzunehmen. 1731 schreibt Keyssler [4]): „Man braucht zwar nur eine halbe Stunde, um nach Bockenheim zu fahren, aber es kostet eine Miethkutsche zu 4 Personen für die Sonntag-Vormittags-Gottesdienste jährlich wenigstens 60 Rthlr.; die Anzahl der Kutschen geht auf 250, wenn alle beisammen sind, weil viele vornehme und vermögende Personen in Frankfurt der reformirten Religion zugethan sind, und man daher im Sprüchwort sagt: die Römisch-Katholischen hätten die Kirchen, die Lutherischen das Regiment, die Reformirten das Geld." Erst 1787 wurde den Reformirten eine freie Gemeindeverfassung und der Bau zweier Kirchen in der Stadt zugestanden.

Die Juden [5]) bewohnten seit 1462 an der nordöstlichen Grenze der Altstadt eine zwischen zwei Mauern eingeschlossene und mit drei Thoren verwahrte enge Gasse, welche am 14. Januar 1711 mit der Synagoge ganz abbrannte, aber schon 1713 größtentheils wieder erbaut war. Die Juden durften nur in ihrer Gasse wohnen, und wurden vielfach in ihrem Handel beschränkt und mit Abgaben belastet. So mußten sie mit besonderen Steuern das Recht erkaufen, an Sonn- und christlichen Feiertagen zunächst die Gasse verlassen und dann das Stadtthor passiren zu können. Von den öffentlichen Spaziergängen waren sie bis 1806 ausgeschlossen.

Die Juden genossen eine ziemlich freie Gemeinde-Verfassung unter zwölf selbstgewählten „Baumeistern". Das „Schandge-

mälde" unter dem Brückenthurm wurde 1709 noch auf Staats=
kosten erneuert und erst 1802 beseitigt; sein Gegenstand war
die angebliche Marterung eines Christenknäbleins Simon durch
Juden, welche 1275 oder 1475 in Trient geschehen sein sollte.
Erst das Bombardement von Frankfurt durch die Franzosen, welches
ben westlichen Theil der Judengasse einäscherte, hob 1796 dieses
Verbot de facto auf, und der Fürst Primas beseitigte die Beschrän=
kung de jure in den Jahren 1809 und 1810. Gegenwärtig steht
nur noch eine Häuserreihe der Judengasse und auch diese zeigt
zahlreiche Lücken.

Zur Zeit von Goethes Jugend war die Begrenzung der
Stadt eine doppelte, gebildet durch zwei ercentrische Kreise, welche
sich am südwestlichen Endpunkt, am Main, berührten.

Der innere Ring, welcher zwei Thore, wenn auch nicht mehr
geschlossen, aufzeigte: den Bornheimer Thurm (abgebrochen 1765)
und die Katharinenpforte (abgebrochen 1790) und an zwei
andern Punkten: an der Haasengasse und am Salzhaus,
durchbrochen war, umschloß mit mittelalterlichen Mauern und
Thürmen die Altstadt; seine Stelle ist noch jetzt durch Straßen
bezeichnet, welche den Namen „Graben" führen: Wollgraben
(wo die Rahmen der zahlreichen Wollweberzunft, der „Wüllknappen"
aufgestellt waren), Baugraben (jetzt neuer Markt), Holz= und
Zimmergraben, Hirschgraben. Die letztgenannte Strecke bestand
am längsten; sie wurde erst zu Ende des sechszehnten Jahrhun=
derts angebaut. Der Graben, dessen Grund eine mit Nußbäumen
besetzte Wiese bildete, war durch Hirsche belebt. Seit 1440 fand
das jährliche Hirschessen statt, wozu der Rath zahlreiche Gäste
einlud und reichlichen Wein aus dem Rathskeller spendete.[6])
Der äußere Umfang der Stadt war ursprünglich ebenfalls mit
einer bethürmten Mauer und einem Graben umgeben, auch mit

festen Thoren und an denselben mit vorliegenden Werken verstärkt; seit 1628 wurde aber ein Wall mit 11 Bastionen und 100 Pariser Fuß breiten, vom Bockenheimer Thor bis zum Untermain doppelten, Wassergräben noch darum gelegt. Die Wälle waren mit Linden bepflanzt u. dienten als Spaziergang. Sachsenhausen war in ähnlicher Weise mit fünf Bastionen befestigt.

Die dreiwöchentliche (17. Juli bis 9. August 1552) vergebliche Belagerung der von einer kaiserlichen Besatzung vertheidigten Stadt Frankfurt durch die verbündeten protestantischen Fürsten von Sachsen, Brandenburg, Meklenburg, Hessen, Braunschweig, Oldenburg u. s. w. gab Veranlassung zu dem großen von Conrad Faber gezeichneten, von Hans Grav aus Amsterdam in Holz geschnittenen Plan von Stadt und Gezeud. Dieser sogen. Belagerungsplan ist verkleinert dem zweiten Bande von Lersner's Chronik und dem zweiten Hefte des Archivs für Frankf. Gesch. und Kunst beigegeben; ein neuer Abdruck der Originalholzstöcke ist 1861 bei K. Krutthoffer erschienen.[7])

Noch näher zu Goethe's Zeit reicht der Merian'sche Stadtplan, dessen verschiedene Auflagen in die Zeit zwischen 1628 und 1770 fallen.[8])

Wir sehen daraus, daß im Gegensatz zu den engen Gassen und den dichtgedrängten Häusern der Altstadt der zwischen beiden Befestigungsringen sich ausdehnende Stadttheil mehr ländlichen und Vorstadtcharakter zeigte. Breite Straßen und große freie Plätze (Fischerfeld, Klapperfeld, Peterskirchhof, Rahmhof u. s. w.) waren mit meist niedrigen Häusern eingefaßt. Hier reihten sich straßenweise die Fuhrmannswirthschaften mit geräumigen Höfen, und dazwischen Nutz- und Bleichgärten und die Ziergärten der Patricier und reichen Kaufleute oder auswärtiger Fürsten. Der Roßmarkt und Paradeplatz war mit Bäumen bepflanzt. Die Straßen waren mit Basalt gepflastert, aber meist nicht gewölbt, sondern nach der Mitte zu gesenkt.

Eine öffentliche Straßenbeleuchtung war zuerst 1707, dann 1711 (Krönung Karls VI.) versucht, auch durch ein kaiserliches Rescript von 1724 eingeschärft worden, aber 1762 entschloß man sich, die Laternen und sonstiges Zubehör auf Staatskosten anzuschaffen, wegen der Unterhaltung aber eine Steuer auf sämmtliche Häuser der Stadt zu legen. Dieß hatte seine Schwierigkeiten, da der katholische Clerus für seine Gebäude sich widerspenstig (s. oben S. 7) und die auswärtigen Fürsten, Grafen und Herrn für ihre Besitzungen sich säumig erwiesen, ihres Theils zu dem gemeinnützigen Werke beizutragen. Es war da zuerst ein Reichshofraths-Rescript von 1762 erforderlich, worauf die Laternen allmählich auf 600 vermehrt wurden. Zum Transport innerhalb der Stadt waren seit 1709 Sänften vielfach üblich und selbst für einen Mann vom Range des Stadtschultheißen schicklich. Die Gebühr für ihren Gebrauch war jedesmal 12 Kr. — Um die Zeit von Goethe's Geburt waren die Häuser noch nicht numerirt, sondern jedes mit einem Sinnbild versehen, von dem es den Namen führte, welcher seinem angesessenen Bürger unbekannt war.[9] Erst die Ueberfluthung der Stadt mit Fremden durch die Einquartirung in Folge der französischen Besetzung (seit 1759) machte es nothwendig, den Buchstaben des Stadtquartiers und eine Zahl an jede Hausthür anzuschreiben.

Frankfurt zählte um die Zeit von Goethes Geburt etwa 30000 christliche Einwohner in 3000 Häusern. Die Zahl der Juden ist sehr verschieden und wohl immer zu hoch angegeben worden, das letztere aus dem Grunde, weil damals, wie noch jetzt, viele in der Umgegend wohnende den Tag über ihrer Geschäfte wegen sich in der Stadt aufhielten und viel auf den Straßen verkehrten. Wenn wir die Ueber-

füllung der Judengasse auch noch so hoch veranschlagen, so dürfen wir
bei der außerordentlichen Schmalheit der nur 2—3 Fenster breiten
Häuser die Zahl der Juden kaum höher schätzen, als auf ein Zehntel
der christlichen Bevölkerung. — So war das Gemeinwesen be-
schaffen, in welches der Schneidergeselle Georg Friedrich Goethe
einwanderte. Er war 1658 zu Artern an der Unstrut als Sohn
eines Hufschmied's geboren und in Frankfurt in erster Ehe mit
der Schneiderswittwe Anna Elisabeth Lutz seit 1687 verheirathet.
Er zeugte in dieser Ehe fünf Kinder: 1. Bartholomäus, geb.
1688, über dessen spätere Schicksale nichts bekannt ist; 2. Johann
Michael, 1690—1733; 3. Joh. Jakob, 1694—1717; 4. Hermann Jakob, geb. 1697, Zinngießermeister, kam in den Rath
und starb 1761. Seine drei Söhne: a. Joh. Friedrich (1728
—33); b. Joachim (1732—33) u. c. Joh. Caspar (1737—42)
starben im Kindesalter. 5. Johann Nicolaus (1700—1705).

Nach dem im Jahre 1700 erfolgten Tode seiner Frau war
Friedrich Georg Goethe in zweiter Ehe seit 1705 mit der Wittwe
Cornelia Schelhorn, geb. Walter, geb. 1668, der wohlhabenden
Besitzerin des „Weidenhofs“, eines 1843 abgebrochenen Gasthofes
auf der Zeil (N. 68) verheirathet. Aus dieser Ehe entsprangen
drei Kinder: 1. Anna Sibylla (geb. und gest. 1706); 2. Joh.
Friedrich (1708—1727) und Joh. Caspar, des Dichters Vater,
(1710—1782). Der Letztgenannte konnte nicht in den Rath
gelangen, nicht bloß darum, weil sein Schwiegervater, J. W. Textor,
Stadtschultheiß war[10]), sondern auch, weil Caspar Goethes
Stiefbruder, Hermann Jacob, sich im Rath befand, indem durch
kaiserl. Resolution von 1725 von einem zu Erwählenden gefordert
wurde: „daß nicht schon sein Vater, Sohn, Bruder, Geschwister-
kind, Schwiegervater, Tochtermann, Gegenschwager, leiblicher
Schwager oder Schwestermann sich im Rath befinden.“ Friedrich

Georg Goethe starb 1730, seine Wittwe 1754. — Schon früher, als die Goethe'sche Familie, war die Textor'sche nach Frankfurt gekommen. Der Textorsche Stammbaum läßt sich bis auf Georg Weber zu Weikersheim an der Tauber zurückverfolgen. Goethes Ururgroßvater, Johann Wolfgang, welcher seinen Namen in Textor übersetzte, geb. 1638 zu Neuenstein im Hohenlohe'schen, war Consulent und erster Syndicus zu Frankfurt seit 1691 und starb 1701. Sein Enkel gleichen Namens, geb. 1693, † 1771, war Dr. juris und seit 1747 Stadtschultheiß, auch Kraft seines Amtes kaiserl. Wirklicher Geheimrath. Er war vermählt mit Anna Margaretha Lindheimer (geb. 1711, gest. 1783) Tochter des Dr. juris und Kammergerichtsprocurators zu Wetzlar, Cornelius Lindheimer.

Drittes Kind und erste Tochter nach zwei im frühesten Kindesalter verstorbenen Söhnen war Katharina Elisabeth Textor, (geb. 1731, gest. 1808) getraut am 20 Aug. 1748 mit Joh. Caspar Goethe, Dr. juris u. kaiserl. Wirklichen Rath.[11])

Ueber die spätern Schicksale der Wohnung des Großvaters Textor berichtet Goethe an Schiller unter dem 17. August 1797[12]): „der Raum meines großväterlichen Hauses, Hofes und Gartens ist aus dem beschränkten, patriarchalischen Zustande, in welchem ein alter Schultheiß von Frankfurt lebte, durch klug unternehmende Menschen zum mächtigsten Waaren- und Marktplatz verändert worden. Die Anstalt ging durch sonderbare Zufälle bei dem Bombardement (‡ Juli 1796) zu Grunde und ist jetzt, größtentheils als Schutthaufen, noch immer das Doppelte von dem (12000 fL) werth, was vor elf Jahren von dem gegenwärtigen Besitzer an die Meinigen bezahlt wurde". Gegenwärtig sind durch das zwischen dem Klapperfeld und der großen Friedberger Gasse sich erstreckende ehemals Textorsche Besitzthum zwei

Straßen: die kleine Friedberger Gasse und die Gelbehirsch-Straße hindurchgeführt; dies ganze Areal ist von neuen Gebäuden bedeckt. — Ein Nachbar des Stadtschultheißen war der Pfarrer Schleiffer; beide ergötzten sich mit Versuchen seltsamer Oculirungen von Pflanzen, z. B. Pfirsiche auf einen Weinstock, Rosen auf einen Apfelbaum, worüber noch eigenhändige Aufzeichnungen Textors vorhanden sind.

Goethes Eltern wohnten in einem alten Hause am Hirschgraben (jetzt No. 23), dessen Besitzerin die Großmutter Cornelia war. Der Schultheiß nahm von der bei der Entbindung seiner Tochter bewiesenen Ungeschicklichkeit der Hebamme Veranlassung, den Wundarzt Georg Sigismund Schlicht als Geburtshelfer und Hebammenlehrer anzustellen. Dieser wurde am 2. Decbr. 1749 verpflichtet, starb aber schon 1754.[13]

Das gegenüberliegende Ochsenstein'sche Haus (No. 18) ist jetzt fast das einzige der ganzen Seite, welches bis zum messingenen Thürklopfer herab den alten Charakter bewahrt hat. Es ist seit lange Sitz des Bankhauses Johann Mertens und in seiner ganzen Anlage, durch Räumlichkeit der Vorplätze, Höhe der Stockwerke &c. weit ansehnlicher als das Goethe'sche Haus, ein Typus des für eine einzige Familie berechneten Patricierhauses.

Die drei Söhne des Vorgängers von Goethes Großvater, des Stadtschultheißen Ochs von Ochsenstein, welche den Knaben zu muthwilligen Streichen angereizt, waren: Joh. Sebastian, 1700—1757, Kreisgesandter, Heinrich Wilhelm, 1702—1751, Senator, beide unverheirathet, und Heinrich Christoph, 1712 bis 1773, Fürstl. Isenburgischer Geheimerath in Offenbach, welcher die Familie im Großherzogthum Hessen fortgepflanzt hat.

Nach dem 1754 erfolgten Tode seiner Mutter Cornelia schritt Johann Caspar zum Umbau seines Hauses, da aber eine am

27. Juli 1719 erlaſſene und noch 1749 eingeſchärfte Bauordnung die Ueberhänge nur im erſten Stock geſtattete, ſo ſah er ſich, um dieß Geſetz zu umgehen, zu jenem von Goethe ſo anſchaulich geſchilderten allmählichen Umbau veranlaßt. Die Unbequemlichkeiten dieſes Verfahrens trieben den Knaben zu Ausflügen, auf welchen er allmählich ſeine Vaterſtadt kennen lernte. Er erwähnt zunächſt die Mainbrücke, welche, nachdem ihr zwei hölzerne, durch das Waſſer zerſtörte Brücken vorhergegangen waren, nach der großen Ueberſchwemmung des Mains von 1342 auf 14 gewölbten Bogen ruhend, in einer Länge von 950 und einer Breite von 27½ Fuß aus rothen Sandſteinquadern erbaut wurde; dann den Saalhof, welcher auf der Stelle des 822 von Ludwig dem Frommen erbauten Palatium ſteht. Aus der älteſten Zeit iſt nur ein Theil der Grundmauer erhalten; die jetzt in ein Zimmer verwandelte Kapelle zur heiligen Eliſabeth iſt wahrſcheinlich in der erſten Hälfte des dreizehnten Jahrhunderts, der weſtliche Theil des Gebäudes nach dem Main 1717, der öſtliche 1842 aufgeführt. Der Bau nach der Saalgaſſe von 1604 zeigt noch heute die unregelmäßige Façade unverändert, welche Plotho bei der Krönung Joſephs II. durch ſeine Erleuchtung ſo grell ins Licht ſetzte.[14])

Der Kaiſerdom zu St. Bartholomäus iſt der Stiftung nach die älteſte Kirche, der Erbauung nach die zweite (nach der St. Leonhards Kirche) von Frankfurt. An dem jetzigen Bau wurde von 1238—1512 gearbeitet.

Wahlſtadt wurde Frankfurt durch die goldene Bulle 1356; der erſte Kaiſer, welcher nicht in Aachen, ſondern in Frankfurt gekrönt wurde, war Max II. 1562, nach ihm Matthias 1612, Ferdinand II. 1619, Leopold I. 1658, Karl VI. 1711, Karl VII. 1742, Franz I. 1745, Joſeph II. 1764, Leopold II. 1790 und Franz II. 1792, dagegen Rudolf II. 1575 und Ferdinand III.

1637 wurden in Regensburg, Joseph I. 1690 in Augsburg gekrönt. In Folge des Brandes vom 15. August 1867, welcher das Kirchendach verzehrte, das Gewölbe beschädigte und die Glocken des Thurms schmolz, ist der Bau einer ausgedehnten Erneuerung unterzogen worden. Der Thurm wird ausgebaut und das Langhaus der Kirche, deren ältester Theil, welcher niedriger als das Chor und die Thurmhalle war, auf gleiche Höhe mit diesen gebracht.

In der Kirche liegt Kaiser Günther von Schwarzburg begraben, dessen Lebenslauf auf eine jugendliche Phantasie einen besonders tiefen Eindruck zu machen pflegt und denselben auch auf den jungen Goethe nicht verfehlte. Am 27. Mai 1349 war Günther mit allen Zeichen der königlichen Würde halbtodt auf einer Bahre nach Frankfurt gebracht worden. Am 17. Juni verzichtete er auf das Reich, nannte sich wieder Graf Günther von Schwarzburg und entband Rath und Bürgerschaft von Frankfurt ihres Eides. Am 18. Juni starb er im Johanniterhofe am „schwarzen Tode", der gleichzeitig binnen 72 Tagen 2000 Menschen hinraffte.

Seine Familie ließ ihm ein Denkmal in der Mitte des hohen Chores der Domkirche setzen, welches im Decbr. 1352 vollendet, 1743 aber auf Anordnung Kaiser Karl VII. an die Seite des Eingangs der kaiserlichen Wahlkapelle versetzt wurde, bei welcher Gelegenheit sämmtliche es umgebende Wappenschilde verwechselt und mit rother Farbe überstrichen wurden. Auf Veranlassung der Fürsten von Schwarzburg ist es jedoch 1855 auf Grundlage von Zeichnungen aus dem Jahre 1716 wieder in seinem früheren Zustand hergestellt worden[15]).

Pfarreisen hieß der durch einen liegenden Eisenrost für das Vieh unzugänglich gemachte Gang zwischen der Nordseite des Domes und der 1829 abgebrochenen Michaelskapelle; er bildet jetzt einen Theil des Domplatzes und ist sammt den angebauten Buden verschwunden. Am Niederrhein heißt eine solche Localität Kircheisen.

Die Straße, welche dem Knaben Goethe und seinen Spiel-genossen den Umweg durch Hasengasse oder Katharinenpforte sparen und direct vom Liebfrauenberg nach der Zeil führen sollte, ist etwa hundert Jahre, nachdem sie diese Beschwerde ausgesprochen (1855), durch Abbruch zweier Häuser ausgeführt worden.

Von den „burgartigen Räumen innerhalb der Stadt, deren Zahl sehr groß war", nennt Goethe den Nürnberger Hof zwischen Markt und Schnurgasse, ursprünglich Herberge der die Messe beziehenden Nürnberger Kaufleute; das Compostell, nordöstlich vom Dom, dem Kurfürsten von Mainz gehörig; das Braunfels[16]) am Liebfrauenberg, 1495 und 96 Sitz des Reichskammergerichts, im Novbr. 1631 von Gustav Adolf bewohnt, später als Hochzeitshaus und Kaufhaus benutzt, von 1694 bis 1859 Eigenthum der Gesellschaft Frauenstein; endlich das Stamm-haus derer von Stalburg, welches zu Ende des achtzehnten Jahrhunderts abgebrochen wurde, um der Deutschreformirten Kirche Platz zu machen. Die Familie Stalburg kommt 1447 zuerst in Frankfurt vor und ist 1808 im Mannsstamm erloschen. Während der Belagerung 1552 war Johann von Stalburg älterer Bürgermeister.

Das Rathhaus, der Römer genannt, enthält den Kaisersaal, welcher 1711 gelegentlich der Krönung Karls VI. mit gesudelten Brustbildern von Kaisern versehen wurde, wofür der Maler Conrad Unsin (geb. 1660, † 1717) freilich auch nur 500 fl., einschließlich der Tüncherarbeit, vom Rath erhielt. Seit 1843 ist an deren Stelle in die Nischen eine Reihe von Kaiserbildern durch Fürsten, Vereine und Privaten gesetzt worden, welche theilweise auf Kunstwerth

Anspruch machen können.[18]) Der Kaisersaal wird zu den Schul-
actus (Progressionen) des Gymnasiums benutzt und hat seit
seiner Wiederherstellung noch zweimal politischen Zwecken gedient:
1848, als zwischen Vorparlament und Parlament der Fünfziger-
ausschuß hier öffentlich regierte, und im August 1863, als das
Bankett des Fürstentages hier stattfand.

Schon dem Knaben fiel es auf, „daß nur noch Platz für
das Bild eines Kaisers bliebe." Das merkwürdige Zusammen-
treffen, welches in die letzte Nische des Kaisersaals den letzten
römischen Kaiser brachte[19]), ist in der neueren Geschichte nicht
ohne Gegenstücke.

Die Paulskirche bei Rom (San Paolo fuori le mura) war
zur Aufnahme der Bildnisse sämmtlicher Päpste bestimmt, aber
nach Pius VII. war in Rom, wie nach Franz II. in Frankfurt
kein Platz mehr übrig. Jedoch die Lösungen des Problems waren
verschieden: unter jenem Papst brannte die Paulskirche nieder,
unter Franz II. wurde das Reich aufgelöst. Im Regierungsge-
bäude zu Lima war ebenfalls ein Saal für die Bildnisse der
Vicekönige von Peru bestimmt; doch fand gerade eine Reihe von
nur 44 Köpfen Platz, von Pizzaro bis Pezuela; der Saal war
gefüllt, als das Heer der Patrioten in Lima einrückte und der
spanischen Herrschaft ein Ende machte. Auch im Capitelsaal des
Klosters Pfäffers war 1819 nur noch Platz für ein Wappen,
das des letzten Abtes Placidus.

Mittlerweile war das Haus fertig geworden und häusliche
Beschäftigungen bannten nach ungewohnter Freiheit den Knaben
an die verschönerte Heimath[20]). — Sehen wir zunächst, wie
mittlerweile die Familienverhältnisse sich geändert hatten! Auf
Johann Wolfgang folgten noch fünf Kinder, von denen aber
nur die älteste Schwester, Cornelia, zu reiferen Jahren heran-

wuchs. Diese Kinder waren: 1) Cornelia Friederike Christiane, geb. 7. Dec. 1750, getraut 1. Novbr. 1773 mit Johann Georg Schlosser, damals markgräflich badischem Amtmann zu Emmen= dingen, der 1739 in Frankfurt geboren war und 1799 nach einem sehr bewegten Leben als Syndicus seiner Vaterstadt verstarb. Cornelia starb 1777 zu Emmendingen.²¹) 2) Hermann Jacob, 1755—59; 3) Katharina Elisabeth 1754—56; 4) Johanna Ma= ria, 1756—59; 5) Georg Adolf, 1760—61. Von weiteren Fa= milienereignissen erwähnen wir, daß die „lebhafte Tante", Johanna Maria Textor (1734 — 1823) im Jahre 1751 mit dem Han= delsmann Georg Adolf Melber (1725—1780), und die „ruhigere Tante", Anna Maria (1738—1794) im Jahre 1756 mit dem Prediger Dr. theol. Joh. Jacob Starck (1730—1796) sich ver= heirathete.

Als temporäre Hausgenossen nennt Goethe die zur Aus= schmückung der neuen Wohnung verwendeten Künstler. Man kennt drei Frankfurter Maler Namens Hirt. Friedrich Christoph, Sohn des Malers Michael Conrad, geb. 1685 zu Durlach, 1717 in Frankfurt verheirathet, † 1763, und seine Söhne Friedrich Wilhelm, 1721—1772 und Heinrich, 1727—96.

Georg Trautmann, kurpfälzischer Hofmaler, war 1713 in Zweibrücken geboren und starb 1796 zu Frankfurt. Sein Sohn Joh. Peter, 1745—92, war ebenfalls Maler. Christian Georg Schütz, geb. 1718 in Flörsheim a. M., kam 1731 nach Frankfurt; 1744 verheirathete er sich und wurde Bürger als Decken= und Zimmermaler. Später bildete er sich unter dem Schutz von Häckel's, der ihm seine Galerie zur Verfügung stellte, als Landschaftsmaler aus. Er wurde von verschiedenen Höfen be= schäftigt und bereiste den Rhein und die Schweiz zum Behuf landschaftlicher Studien. Er starb 1791. Seine drei Söhne

Franz (1753—81), Johann Georg (1755—1813), welchen Goethe
1787 in Rom kennen lernte²²), und Heinrich Joseph (1760—1822)
und seine Tochter Philippine (1767—97), widmeten sich ebenfalls
der Kunst. Ein gleichnamiger Neffe des Christian Georg Schütz,
(1758—1823), gewöhnlich Schütz der Vetter genannt, wurde
von dem Fürsten Primas mit der Ordnung und Herstellung der
von den aufgehobenen Klöstern der Stadt Frankfurt zugefallenen
Gemälde betraut, hat aber das unbedingte Vertrauen des arglo-
sen Fürsten getäuscht und die besten der ihm anvertrauten Kunst-
schätze zu eigenem Nutzen verkauft.²³) Justus Junker, geb. 1701
zu Mainz, kam frühzeitig nach Frankfurt, verheirathete sich daselbst
1726, lebte später einige Zeit zu London und starb 1767. Sein
Sohn Isaak (1727—1789) war ebenfalls Maler. Joh. Conrad
Seekatz, geb. 1718 in Grünstadt, kurpfälzischer und landgräf-
lich hessischer Hofmaler, lebte in Darmstadt und starb daselbst
1768.²⁴)

Der Schauplatz des Knabenmärchens hat seitdem seinen
Namen gewechselt. Goethe sagt: „Ich kam in die Gegend, welche
mit Recht den Namen „„Schlimme Mauer"" führt, denn es
ist dort niemals ganz geheuer." Der Knabe Goethe schien also
in dem Namen eine Art Makel zu finden, und ebenso haben 1855
die Bewohner der Gasse eine Veränderung desselben in „Stifts-
straße" nachgesucht und erhalten. In der That aber hat diese
Gasse ihren Namen von dem Besitzer einer großen, mit einer
Mauer eingefaßten Liegenschaft in derselben Namens Slymme
erhalten und kommt im 14. Jahrhundert als Slymmengasse, im
17. als Schlimme-Mauer vor. Sie zieht im Bogen von der
Zeil am Senckenbergischen Stift vorbei zum Eschenheimer Thurm.
Der ehedem in der Mauer des Senckenbergischen botanischen
Gartens befindliche Brunnen, zusammenhängend mit dem „Fisch-

born", nach welchem das gegenüberliegende Haus (heute „Bürger-
verein") den Namen führte, welcher für das Vorbild des im
Knabenmärchen vorkommenden phantastischen Brunnen galt, ist mit
dem Abbruch der Stiftshäuser und der Verbreiterung der Straße 1866
verschwunden. — Aus der Schilderung Goethe's von seiner Lehrzeit
in einer öffentlichen Schule geht hervor, wie weit die reiche Stadt
gegen die kleinen monarchischen protestantischen Staaten Deutschlands in dieser Beziehung zurückgeblieben war. Frankfurt besaß
damals nur Eine städtische Schule, das Gymnasium. Neben
diesem aber und einigen katholischen Schulen war aller öffentliche
Unterricht der Speculation einer Schulmeisterzunft überlassen,
welche in den sogenannten „Quartierschulen" ihr dürftiges Geschäft
betrieb. Die Concession zu einem solchen Geschäftsbetrieb mußte
der Unternehmer vom Staat erkaufen, und, einmal erkauft, war
die Concession erblich von Vater auf Sohn, oder von Mann auf
Frau, und verkäuflich von Hand zu Hand. Die Schulhalter
hatten, wie jede andre Innung, ihre Versammlungen, eine gemein-
same Kasse und selbstgewählte Vorsteher. Die Quartierschulen
sollten gemäß der „Schulordnung" von „Scholarchen und Prä-
dicanten" oder von „Rathsverordneten zu den Schulen" beauf-
sichtigt und revidirt werden, was aber oft Jahrzehnte hindurch
nicht geschah. In den Quartierschulen wurden Knaben und
Mädchen jeden Alters vereint, oft 200 und mehr in eine dumpfe
Stube zusammengedrängt, vom Morgen bis Abend in Lehre und
Zucht gehalten, im Katechismus, Lesen und Schreiben geübt,
wohl auch im Rechnen unterrichtet, wofür die Schulordnungen
„für die, so wohlhabend sind," zwei Gulden quartaliter ansetzte,
und endlich wenig „Auserlesenen in der Privat" auch noch etwas
französisch beigebracht. Neben diesen Quartierschulen gab es noch
zahlreiche „Winkelschulen" und an die 200 „Schulstöhrer und

Herumläufer" ertheilten Privatunterricht. Dieser Zustand dauerte
bis zum Ende des 18. Jahrhunderts.

Goethe erzählt uns den Vorfall, wegen dessen er dem
gemeinsamen Unterricht bald wieder entzogen wurde. Der Vater
übernahm wieder die Leitung der Bildung seines Sohnes, und
aus dieser Zeit besitzt die Frankfurter Stadtbibliothek ein Heft
Schönschriften und Exercitien in deutscher, lateinischer, griechischer
und französischer Sprache, welches Goethe in seinem siebenten
bis neunten Jahre geschrieben und Dr. Heinrich Weismann²⁵)
herausgegeben hat. Es enthält theils Dictate des Vaters, theils
eigene Ausarbeitungen des Sohnes in prosaischer und poetischer
Form. Es ergiebt sich aber aus den Geburtsjahren, daß der
„Maximilian" in den Knabengesprächen nicht Klinger gewesen
sein kann, welcher im 21. Lebensjahre noch das Gymnasium be-
suchte, also im sechsten unmöglich schon lateinisch gesprochen
hat. —

Goethe's Vater gehörte zu den „Zurückgezogenen, welche
unter sich niemals eine Societät machen" (G. W. IV, 22). Seine
Vorgänger und Gesellen waren die Brüder Uffenbach: 1) Zacha-
rias (1683—1732), welcher 1727 jüngerer Bürgermeister war und
als Schöffe starb. Auf großen Reisen, welche er in dem Buche:
„Reisen durch Niedersachsen, Holland und England" (2 Bände,
4°, Frankfurt und Leipzig 1753—54) beschrieb, brachte er eine
Bibliothek von 30—40000 Bänden und Manuscripten zusammen,
welche noch bei seinen Lebzeiten größtentheils an die Universität
Göttingen verkauft wurde, doch vermachte er die auf die Geschichte
der Stadt Frankfurt bezüglichen Handschriften der Frankfurter
Stadtbibliothek, wo sich auch sein gelehrter Briefwechsel, 10
Bände stark, befindet. 2) Johann Friedrich (1687—1769), war
gleich seinem Bruder, den er auf seinen Reisen begleitete, Sammler

und Kunstfreund und außerdem selbst Baumeister. Er war 1749 jüngerer und 1762 älterer Bürgermeister. Seine Sammlungen kamen nach Göttingen.

Es gehörte ferner zu diesem Kreise der schon erwähnte Freiherr Friedrich von Häckel, ein geborener Holsteiner, der durch Heirath mit der reichen Wittwe eines Herrn von Rhost von Eisenhard in den Besitz des Hauses zu den zwei Bären (Döngesgasse 40) gelangte und im Januar 1760, 78 Jahre alt, als kaiserl. Obristwachtmeister starb; und Joh. Michael von Loën, welcher aber, — entgegen Goethes Angabe (IV, 23), daß Loën nicht aus Frankfurt gebürtig gewesen sei, — hier 1694 geboren war. Er stammte aus einem wegen der Religion im sechzehnten Jahrhundert aus den Niederlanden ausgewanderten Geschlecht und wurde 1753 von König Friedrich II. zum Geheime-Rath und Regierungspräsidenten der Grafschaften Tecklenburg und Lingen ernannt, und auf seine Bitte 1766 in den Ruhestand versetzt; er blieb jedoch in Lingen, wo er 1776 starb. — Dr. Joh. Phil. Orth (1698—1783), Verfasser des sechsbändigen Werkes: Commentar über die Frankfurter Statuten, die sogenannte „Stadtreformation" 1731—74, der Abhandlung über die Reichsmessen 1765 und der Sammlung merkwürdiger Rechtshändel" 1763—78, 17 Theile, vermachte 30,000 fl. zu einem Waisenhaus.

Joh. Sebastian von Ochsenstein, der älteste jener drei von Goethe aus seinen frühesten Jugenderinnerungen erwähnten Brüder (welche übrigens dieses Haus nur bis 1753 bewohnten), machte sich bei seinem 1756 erfolgten Tode durch die allem Herkommen zuwiderlaufende Anordnung eines einfachen Leichenbegängnisses bemerklich. Sein Beispiel hat nicht allgemeine Nachfolge gefunden, denn ein uns aufbewahrtes drei Seiten langes Verzeichniß der Ausgaben bei einem Leichenbegängniß des besseren

Mittelstandes aus dem Jahre 1788 ergiebt, obgleich nicht alle Rubriken ausgefüllt sind, immerhin eine Gesammtausgabe von 425 fl. 26 Kr.

Die Senckenbergische Familie stammt aus Friedberg in der Wetterau, wo Joh. Hartmann Senckenberg 1655 geboren wurde; er kam 1682 als Arzt nach Frankfurt und starb daselbst 1730. Sein Haus Hasengasse 3, ist 1874 abgebrochen worden. Er hatte drei Söhne: 1) Heinrich Christian (Freiherr von) S., geb. 1707 zu Frankfurt, Prof. der Rechte und Syndicus an der Hochschule zu Göttingen, hernach in Gießen und in anderen Anstellungen des Fürsten von Oranien und Nassau, des Landgrafen von Darmstadt, des Markgrafen von Ansbach, nahm 1744 seinen Wohnsitz in der Vaterstadt als Kanzleidirector, Hofrath und Kreisgesandter, wurde jedoch schon zu Ende des Jahres 1745 als Mitglied des Reichshofsraths nach Wien berufen und starb dort 1768. Er hinterließ zwei Söhne: a. Renatus Leopold Christian Karl (1751—1800), und b. Karl Christian Heinrich (1760—1842), mit welchen der Senckenbergische Mannesstamm erloschen ist. 2. Joh. Christian, geb. 1707, konnte, da sein Vater durch den 1719 erfolgten Verlust seines Hauses beim „großen Christenbrand" in seinen Verhältnissen zurückgekommen war, erst 1737 in Göttingen promoviren. 1737 wurde er Arzt in Frankfurt, 1744 außerordentlicher, 1751 ordentlicher Landphysicus, 1755 Stadtphysicus, 1757 hessen-casselscher Leibarzt und Hofrath. Er starb am 15. Nov. 1772 in Folge eines Sturzes vom Gerüste beim Bau seines Bürgerhospitals. Er war dreimal vermählt, aber seine beiden Kinder starben in früher Jugend. — Goethes Anmerkung (IV, 24), „daß er nur wenig und in vornehmen Häusern practicirt habe," ist dahin zu berichtigen, daß er bei einer ausgebreiteten Praxis zwischen Armen und Reichen nur in

so fern einen Unterschied machte, als er die ersteren auf seine
Kosten mit Arznei und Lebensmitteln versah. Durch Stiftung
vom 18. August 1763 vermachte er seiner Vaterstadt sein Vermögen von 95000 fl. nebst Haus und Sammlungen für ein
medicinisches Institut und ein Bürger- und Beisassen-Hospital[27]).

3. Joh. Erasmus, geb. 1717, Senator und verschiedener
Reichsstände Hofrath, kam 1746 in den Rath, wurde 1761 einer
bereits 1749 begangenen Fälschung wegen suspendirt; 1769 führte
man ihn zu enger Verwahrung auf die Hauptwache, wo er ohne
eigentlichen Proceß bis zu seinem Tode (1795) blieb.[28]).

Goethe hat uns (IV, 13) den Zustand der Parteiung ge-
schildert, in welchen der Ausbruch des siebenjährigen Krieges den
Staat und die eigene Familie verwickelte. Im Sommer 1757
stießen die Frankfurter Truppen zur Reichsarmee. Der Stadt selbst
rückte erst im folgenden Jahre der Krieg näher. Nach dem Verlauf, welchen der Feldzug von 1758 genommen hatte[29]), waren
die Franzosen für den folgenden Winter auf die Quartiere in der
Wetterau angewiesen, und dazu war der Besitz von Frankfurt
unentbehrlich, aber in die Mauern dieser Reichsstadt konnten die
Franzosen nur durch den Ueberfall vom 2. Januar 1759 gelangen.
In seiner kurzen Erzählung dieses Ereignisses erwähnt Goethe
nur die Ueberwältigung der Constabler- und Hauptwache (IV 25),
es war aber ein combinirter Plan, dessen Ausführung der Prinz
Soubise dem Brigadier von Wurmser aufgetragen hatte,
und wonach gleichzeitig das Affenthor besetzt und von den bereits
früher unter dem Vorwand des Durchzugs eingedrungenen Truppen
ihre Begleitung von Frankfurter Stadtsoldaten am Bornheimer
Thurm (in der Fahrgasse) entwaffnet, und hierauf die beiden genannten Wachthäuser überwältigt wurden.

Bei diesem Ueberfall waren die drei höchsten Frankfurter

Officiere betheiligt, indem der Oberst Theodor Wilhelm von
Pappenheim am Affenthor commandirte, der Oberstlieutnant
Joh. Erasmus von Klettenberg (1698—1763) die Haupt-
wache, und der Major Joh. Nicolaus Textor (1703—1765) die
Escorte befehligte[29]).

Es waren etwa 7000 Mann, für deren Einquartirung und
Verpflegung zunächst zu sorgen war. Bürgermeister waren damals der Dr. med. Remigius Seiffert von Klettenberg
(1693—1766), der Vater der „schönen Seele" aus Wilhelm
Meister und Bruder des oben genannten Joh. Erasmus, und
Dr. jur. Nic. Rücker. Diesen zunächst lag die schwierige Auf-
gabe ob, ohne allen anderen Schutz, als die Billigkeit der französischen Machthaber, die Leistungen der Stadt möglichst gering,
möglichst schonend für den Handel, zumal während der Messen,
und möglichst rasch festzusetzen. Bereits am 19. Januar war
ein modus vivendi in dieser Hinsicht gefunden; immerhin be-
trugen die außerordentlichen Ausgaben der Stadt für die ersten
drei Monate 1759: gegen 320,000 fl.

Ueber das französische Theater in dem 1859 abgebrochenen
Concertsaal im Junghof (G. W. IV. 28) hat Hr. von Löper
umfangreiche Studien angestellt[31]).

Während der Schlacht bei Bergen (IV, 30) begab sich
Vater Goethe in seinen am Haideweg Nr. 32 belegenen Garten,
welcher noch jetzt am Eingang die Inschrift 17 FG. 25 zeigt,
also von Joh. Friedr. Georg Goethe 1725 gekauft oder angelegt
war und 1808 nach dem Tode der Frau Rath versteigert
wurde.

Daß jedoch Verwundete an dem Goetheschen Hause vorbei nach
dem in ein Lazareth umgewandelten Liebfrauenkloster gebracht
worden seien, ist ein Gedächtnißfehler, indem ein solches nie existirt

hat, und damit nur das Karmeliterkloster gemeint sein kann, von dem wir anderweitig wissen, daß es als Krankenhaus diente und welches auch so gelegen ist, daß zwischen dem Berger Schlachtfeld und dem Kloster das Goethe'sche Haus sich mitten innen befand, was mit dem Liebfrauen-Stift nicht der Fall ist. Den vielgesuchten „Dolmetscher", welchen Volger sogar mit dem Rath Schneider identificirt hat, habe ich endlich in einem officiellen Actenstück authentisch aufgefunden. Er hieß Diene und erhielt für sein Dolmetschen 2 fl. wöchentlich[32]).

Die Künstler, welche der Königslieutenant auf Empfehlung seines Hausherrn in Nahrung setzte (IV, 27), sind uns alle von früher her bekannt, mit Ausnahme von Joh. Andr. Benj. Nothnagel, geb. 1729 zu Forst am Buch in Franken, welcher 1747 nach Frankfurt kam, 1751 Bürger wurde und die von Goethe erwähnten Wachstuchfabriken gründete. Er starb 1804.

Frankfurt wurde während des Krieges von den Franzosen besetzt gehalten. Nur die Messen hindurch zogen sie, damit es für die Fremden nicht an Wohnung und Stallung mangele, einen großen Theil der Infanterie und sämmtliche Reiterei aus der Stadt. Gegen Ende des Krieges wurde die Truppenzahl mehr und mehr vermindert und zuletzt blieb nur das Regiment Elsaß, dessen zwei erste Bataillone am 23. Febr. 1763 sich auf den Weg nach der Heimath begaben. Die beiden anderen Bataillone folgten am 25., und am 27. reiste der französische Stadtcommandant ab.

Der blödsinnige junge Mann, Mündel des Vaters Goethe, durch den Wolfgang so früh die Gewohnheit des Dictirens annahm (IV, 44), war der Rechtscandidat Clauer[33]). Der Hausgenosse, welcher nach dem Abzug des Königslieutenants in das Goethe'sche Haus einzog (IV, 35), war Joh. Friedr. Moriß aus Worms (1717—1771), königl. dänischer Legationsrath, verschiedener Stände und Fürsten Hofrath und Kreisgesandter zu Frankfurt, Verfasser einer historisch=diplomatischen Abhandlung vom Ursprung der Reichsstädte, insbesondere seiner Vaterstadt.

Als neue Figuren auf dem seltsam gewundenen Bildungsweg Goethe's treten uns hier entgegen der „Aesop mit Chorrock und Perrücke" (IV, 39), der Rector des Gymnasiums Joh. Georg Albrecht (1728 Conrector, 1747 Adjunct des Rectors und 1748 Rector, †1770)³⁴) und die beiden Senioren Fresenius und Plitt (IV, 45). Joh. Phil. Fresenius, geb. 1705 zu Niederwiesen bei Alzei, Sohn des dortigen Pfarrers, studirte in gro seit 1723—25 zu Straßburg, und wurde, nachdem er in mehreren Stellen zu Gießen und Darmstadt gewirkt hatte, 1743 an die St. Peterskirche zu Frankfurt berufen, und 1748 zum Hauptprediger der Barfüßerkirche ernannt. Er starb 1761 und darf nach Lappenberg's Forschungen³⁵) als das Urbild des „Oberhofpredigers" in den „Bekenntnissen einer schönen Seele" (Wilh. Meister, 6. Buch) betrachtet werden. Der von ihm bekehrte freigeistige General war der sächsische Generallieutenant von Dyhern, tödtlich verwundet in der Schlacht bei Bergen. Fresenius hat ein eigenes Buch darüber verfaßt: Sieg der Wahrheit über den Unglauben. Frankfurt 1759. Joh. Jacob Plitt, der Nachfolger von Fresenius, geb. 1727 zu Wetter in Hessen, war seit 1748 Pfarrer in Cassel und kam von Rinteln, nicht von Marburg, wie Goethe angiebt, nach Frankfurt. In Rinteln war er seit 1745 Professor und wurde 1762 zum Senior in Frankfurt erwählt, wo er 1773 starb.

Noch eine Gruppe von Männern haben wir zu erwähnen, welche nach dem Geständniß des Dichters „einen bedeutenden Eindruck auf seine Jugendzeit geübt" (IV, 49). Es waren dies:

1. Johann Daniel Olenschlager, geb. 1711 als Sohn eines wohlhabenden frankfurter Kaufmanns, welcher in Leipzig und Straßburg studirt und 1736 promovirt hatte, Italien und Frankreich bereiste, 1737 Advokat in Frankfurt, 1738 sächsisch-polnischer Hofagent und 1748 kaiserlicher Freiherr, in demselben Jahre Senator, 1761 Schöff wurde und 1778 starb. Seine „Erläuterungen zur goldenen Bulle" erschienen 1766. Er war seit 1747 mit Sara (von) Orth verheirathet und hatte zwei Söhne, deren ältester Joh. Philipp (1749—1813) taubstumm, aber dennoch zuerst frankfurter Artillerielieutenant und dann hessen-darmstädtischer Oberforstmeister war. Der zweite Sohn, Joh. 'Nicolaus, (1751 bis 1820) war Schöff; ein Sohn desselben starb 1812 ohne Nachkommen. Nach den Forschungen von Lappenberg (a. a. O. S. 184) unterliegt es keinem Zweifel, daß Olenschlager das Urbild des „Narciß" in den „Bekenntnissen einer schönen Seele" ist.

2. Friedrich Ludwig Reineck, geb. 1707, Weinhändler gleich seinem Vater, wurde 1729 geadelt, als er sich mit Maria Juliane von Damm verheirathete; später wurde er Hofrath und polnisch-sächsischer Geheimer Kriegsrath. Nach dem 1735 erfolgten Tode seiner Gattin verheirathete sich v. Reineck 1741 zum zweiten Male mit Susanne Gertrude von Stockum; er starb 1775 und hinterließ aus jeder seiner Ehen einen Sohn und eine Tochter. Es ist also nicht richtig, daß seine „einzige" Tochter, wie Göthe sagt, durch den Hausfreund entführt wurde. Diese Tochter war Maria Salome (1735—1803), ihr Gatte der frankfurter Major Alexander Klenck, † 1768. Die Tochter desselben, Christina Margaretha, geb. 1760, verheirathete sich 1779 mit Joh. Max. Baur von Eysseneck, † 1822, deren Sohn Adalbert als österreichischer Feldmarschall-Lieutenant 1870 zu Linz gestorben ist. Die Tochter F. L. von Reinecks aus

zweiter Ehe, Charlotte Sophie, geb. 1747, heirathete 1776 den Freiherrn Gustav von Zillenhardt, kgl. französischen Hauptmann des Regiments Zweibrücken. — Der Sohn erster Ehe, August Christian Ludwig Conrad von Reineck (1733—89), waldeckischer Geheimrath u. Hofrichter, setzte die Familie in Waldeck fort; der Sohn zweiter Ehe Adalbert („der jüngere Sohn" bei Goethe), geb. 1749, starb 1822 zu Frankfurt. Diesem hatte der Vater, mit Enterbung der übrigen Kinder, den größten Theil seines Vermögens zugewandt. Bei Adalberts Tode, welcher nur einen unehelichen Sohn Karl († 1829) hinterließ, war ein großer Theil der Erbschaft in ungeregeltem Haushalt aufgegangen. Nach dem Tode dieses Sohnes Karl fiel das Reineck'sche Besitzthum, Haus und Garten, als herrenloses Gut an die Stadt, welche einer bejahrten Enkelin des Hofraths von Reineck, Tochter des Waldeck'schen Hofrichters, die von einer Pension als Hofdame der Herzogin von Nassau kümmerlich lebte, 1838 eine Rente von 100 fl. aus dem großväterlichen Vermögen auf Lebenszeit bewilligte.[36] 3. Friedrich Wilhelm Malapart, aus einer italienischen, zuerst nach Mons (Bergen) in Flandern, dann nach Frankfurt ausgewanderten Familie, welche jetzt Malapert sich schreibt und in deren Besitz seit 1657 die Salzwerke zu Soden sich befanden. Er war geboren 1700 in der Herrschaft Solms-Braunfels, wurde 1753 geadelt und starb 1773 als hessen-casselscher und schwedischer Major. Sein Garten an der Bockenheimer Landstraße ist jetzt parcellirt Nr. 62, 64, 66.

4. Heinrich Sebastian Hüsgen, geb. 1744 zu Frankfurt, gestorben 1807 als fürstlich öttingischer Rath und hessen-homburgischer Hofrath, Verfasser der „Nachrichten von Frankfurter Künstlern und Kunstsachen" (1780) und Herausgeber des „Artistischen Magazins" (1790). Die nach seiner Angabe (in Neu-

wieb) verfertigte „Wunderſame Uhr" befindet ſich gegenwärtig in Beſitz des Dr. jur. Albert Fleck in Frankfurt.

Die reizende Erzählung des Verhältniſſes zu Gretchen welche das fünfte Buch füllt, iſt von dem Dichter ſo unbeſtimmt gehalten worden, daß der Commentator keinen Anhaltspunkt findet. Nur dem, wie es ſcheint, unausrottbaren Volksglauben müſſen wir entgegentreten, welcher auch wiederholt ſeinen Weg in die Preſſe gefunden hat (noch neueſtens in Scherr: Goethe's Jugend), als ob das 1860 niedergeriſſene Haus zum Puppenſchränkchen („Bobbeſchänkelche" nach Frankfurter Mundart, Weißablergaſſe 29) der Schauplatz ſeiner Liebe geweſen ſei. Sagt doch Goethe ſelbſt: „ich kam nicht wieder in dieſe Gegend" (IV, 52), während das bezeichnete Haus kaum 50 Schritte von Goethe's Vaterhaus entfernt lag.

Zur Controle und Ergänzung von Goethe's Schilderung der Krönung haben wir jetzt in A. von Arneth's Maria Thereſia und Joſeph II. (Wien 1867) eine werthvolle Quelle, dagegen ſchneiden uns Kriegk's Unterſuchungen[37]) jede Hoffnung ab, in der myſteriöſen Unterſuchung gegen Goethe's Genoſſen je klar zu ſehen.

Aus Arneth's Werk erhalten wir auch ſchätzbare Ergänzungen zu dem Bilde der Krönung. Die Wohnungen der hohen Herrſchaften waren ſehr ſchlecht. Der römiſche König hatte im (1872 abgebrochenen) Cronſtett'ſchen Stifte bloß ein kleines Schlafzimmer und gar keine Räumlichkeiten für ſeine Leute; die Empfangszimmer waren ſo klein, daß man ſich kaum darin umdrehen konnte, auch konnte man kein Wort darin reden, ohne in den Nebenzimmern gehört zu werden, da die Zwiſchenwand nur aus Brettern beſtand, die ſo ſchlecht gefügt waren, daß das Licht durchſchien. Der Kaiſer hatte außer ſeinem Schlafzimmer

wenigſtens noch zwei Kammern für die Dienerſchaft. Einige
Tage vor der Krönung wollte der römiſche König bei ſchönem
Wetter ausgehen, um ſich die Stadt anzuſehen. Man bedeutete
ihn, das ſei gegen die Etiquette, nicht einmal in den Garten
dürfe er gehen. Auf ſeine Bemerkung, daß darüber in der goldenen Bulle nichts beſtimmt ſei, und auf ſein Andrängen ler-
laubte man ihm wenigſtens am frühen Morgen auszugehen, um
die prächtigen Schiffe der rheiniſchen Kurfürſten zu ſehen. —
Die Zänkereien über die Ceremonien dauerten bis zum Tag vor
der Krönung fort; noch am 2. April fand eine Conferenz darüber
ſtatt. Joſeph betrachtete die Ceremonien der Krönung mit Ban-
gen und hatte ſeinen guten Grund dazu. Der Nürnberger Bür-
germeiſter, welcher an der Spitze einer Deputation des Nürnberger Rathes die Reichskleinodien überbrachte, hatte ihm anver-
traut, daß die Krone 14 und der ganze Krönungsornat 130
Pfund wiege. Dieſe Laſt mußte 8½ Stunden lang getragen
werden. Es ging beſſer als er gedacht; zwar hatte der Kaiſer
von der Krone zwei rothe Flecken auf der Stirn und klagte über
Kopfſchmerzen, aber Joſeph machte ſein Theil gut durch, nur
wurde ihm ſehr heiß. — Noch meldet Joſeph über eine wenig
bekannte Epiſode: „Die aufgeſtellten Truppen haben die Leute
auf eine furchtbare Weiſe geſchlagen, aber zuletzt hat ſich der
Pöbel dergeſtalt gerächt, daß eine Compagnie Grenadiere voll-
ſtändig geſprengt und faſt mit Knitteln todtgeſchlagen worden
iſt. Schließlich haben die Truppen Feuer gegeben und 4—5
Perſonen, darunter ein achtzehnjähriges Mädchen, ſind von ihren
Kugeln gefallen.“ Todt blieb nur das Mädchen, Maria Anna
Letter, eines Schublärchers Tochter.

Die Stelle, wo die Ochſenküche ſtand (VI, 64), iſt noch
jetzt durch vier ins Pflaſter eingelaſſene, mit OK. bezeichnete

Steine, nördlich von der Nicolaikirche, kenntlich gemacht. Goethe erinnerte sich nicht mehr, wer bei dem Kampf um den Ochsen den Sieg davon trug, ob die Metzger oder Weinschröter; es waren aber die letzteren. — Mit dem ersten Theil von „Dichtung und Wahrheit" geht der dauernde Aufenthalt Goethe's in Frankfurt zu Ende. Wir sehen ihn zuerst seit 1765 in Leipzig, welche Stadt er an seinem 19. Geburtstag, am 28. August 1768 verließ. Am 1. September kam er in Frankfurt an und verbrachte etwas über anderthalb Jahre in der Vaterstadt, doch war dieser Aufenthalt vielfach durch die Nachwirkung der in Leipzig überstandenen Krankheit getrübt. In diesem Zustande war er dem Einfluß der Frl. Susanna Katharina von Klettenberg (1723 —1774) zugänglich, einer Freundin seiner Mutter, „aus deren Unterhaltungen und Briefen die Bekenntnisse einer schönen Seele entstanden sind" (IV, 108). Bei Olenschlager und Fresenius haben wir einzelne Beziehungen dieser merkwürdigen Episode Wilhelm Meisters, wie sie Dr. Lappenberg entwickelt hat, bereits angeführt. Hier sind als weitere zu erwähnen: Philo ist Friedrich Carl von Moser (1728—1793), und der „adelige Apostel" ist Friedrich von Bülow-Plüskow (G. W. III, 272 u. 275). Endlich der Arzt, „ein unerklärlicher, schlau blickender, freundlich sprechender, übrigens abstruser Mann" (IV, 108) ist, zufolge Goethe's brieflicher Mittheilung an Lavater, der Dr. J. F. Metz, welcher 1724 in Tübingen geboren war und seit 1765 als Arzt in Frankfurt lebte, wo er 1782 starb. Goethe's Begleiter auf der Vergnügungsreise, welche er im Juni 1772 in die Vogesen machte (IV, 132), war Friedrich Leopold Weyland, welcher 1772 zu Straßburg promovirte und in demselben Jahre zu Frankfurt als Arzt aufgenommen wurde. Er lebte seit 1782 als hessen-darmstädtischer Hofrath und Leibarzt des Erbprinzen zu Buchsweiler und

starb 1787. — In 1770 begab sich Goethe nach Straßburg, wo
er am 6. August 1771 promovirte. An diese Promotion knüpft
sich eine grundlose Sage von kaum geringerer Zähigkeit als die
oben erwähnte, auf Gretchen bezügliche. Es ist die von einer
Dissertation über die Flöhe, welche Goethe bei dieser Gelegenheit verfaßt und später in Frankfurt herausgegeben habe.
Diese Erdichtung des Dr. med. und Buchhändlers Vogler in
Halberstadt, welcher unter dem Namen F. Glover eine Schmäh-
schrift gegen Goethe veröffentlicht hat [38]), erhielt eine gewisse Con-
sistenz dadurch, daß eine achtbare berliner Buchhandlung diese Schrift
lateinisch und deutsch unter Goethe's Namen herausgegeben hat [39]).
Aber schon in demselben Jahre (1839) hat Rob. Schneider [40])
und 1841 Prof. von der Hagen Ausgaben der Dissert. de pulice von 1684, 88, 1704, ff. nachgewiesen, deren Inhalt in
einer schalen, zum großen Theil unanständigen Satyre auf die
Juristen der früheren Zeit besteht.

Ueber den wahren Namen des unter dem Pseudonym
Opizius Jocoserius verborgenen Verfassers der Diss. de
pulice ist noch nichts sicheres bekannt. E. Weller (Index
pseudonymorum. Lps. 1856) nennt Otto Philipp Zaun-
schlifer, welcher 1653 zu Hanau geboren war, in Herborn
Marburg und Jena studirte, 1678 zu Heidelberg Dr. jur. wurde,
Advokat am Landgericht zu Hanau, 1682 Prof. der Beredtsam-
keit und Geschichte, 1683 außerordentlicher, 1684 ordentlicher
Professor der Rechtswissenschaft zu Marburg wurde, wo er 1729
gestorben ist. Seine juristischen Schriften erschienen gesammelt
zu Frankfurt 1698. Obgleich sonach bereits eine kleine Literatur über die unzweifelhafte Fälschung Vogler's existirt, ist dieselbe von Karl Rosenkranz (Allg. Ztg. 14. Juni 1865 Bei-

lage) als ächt behandelt worden, wogegen Theodor Creizenach
(A. Z. 1865 S. 2799) replizirte.

Ueber Goethe's Thätigkeit als Rechtsanwalt sind wir jetzt
durch Prof. Kriegk's umfassende Schrift unterrichtet[41]. Unter
den Genossen des fröhlichen, geselligen Treibens, welches den
jungen Doctor in der Vaterstadt erwartete, nennt Goethe zu
Anfang des 12. Buches (G. W. IV, 162) den „Kastenschreiber"
(Verwalter der städtischen Armenkasse und Aufseher über den
Friedhof und die Anordnung der Beerdigungen) Johann
Jacob Riese. Noch 1814 gedenkt Goethe mit Behagen[42]
„jener so ruhigen als unschuldigen Zeiten, in welcher wir eine
heitere und lustige Jugend genossen. Auch habe ich meinem
Sohn die Narbe an dem rechten Zeigefinger vorgewiesen, welche
Sie mir schlugen, als ich mit demselben unter einer Forsthaus-
laube etwas schalkisch auf ein herankommendes Frauenzimmer
deutete, dem wir beide gewogen waren. Wir bereiteten uns eben
einen Teller Schinken zu verzehren, und Sie hatten das auf-
gehobene Messer in der Hand, welches zu meiner Bestrafung sich
etwas eilig niedersenkte." In demselben Briefe an Riese wird
„unser Fränzchen" genannt, womit Fräulein Maria Katharina
Franziska Crespel, später verehelichte Jacquet, gemeint ist, deren
Bruder, der Hofrath Crespel, welcher bei der Post angestellt
war, gleichfalls zu Goethe's Jugendfreunden gehörte. In dem
Gedicht: Stammbuch Joh. Peter Regnier's (G. W. I, 463) sind
mit: „Von Post und Kirch' zwei große Dieb'" Crespel und
Riese gemeint.

An dieser Stelle mag auch ein literarischer Irrthum berichtigt werden, welcher sich in allen Ausgaben Goethe's fortgeerbt
hat. Die Subscription auf Klopstock's Gelehrtenrepublik betrug
(G. W. IV, 116) nicht einen Louisd'or, sondern einen Thaler

3*   (893)

Louisd'or oder Gold = 1⅓ Thlr. In die letzten Tage des Jahres 1774 fällt das Verhältniß Goethe's zu Lili (Elisabeth Schönemann). Der Buchhändler zu Frankfurt, Karl Jügel, durch seine Frau ein Neffe von Lili, hat in seinem 1857 erschienenen Buche „Das Puppenhaus" ein würdiges Denkmal dieser Frau errichtet, welche in ihrem späteren Leben gezeigt, daß die „Staatsdame", die der alte Goethe nicht zur Schwiegertochter haben wollte, den Kern in sich trug, auch in den schwersten Schicksalen — schwereren als ihr voraussichtlich die Verbindung mit Goethe auferlegt haben würde — aufrecht zu stehen, zu tragen, zu entsagen und nie die Freiheit des Entschlusses zu verlieren. — Anna Elisabeth Schönemann war geboren in dem Hause am großen Kornmarkt Nr. 15 und am 23. Juni 1758 getauft. Ihr Vater, Joh. Wolfgang Schönemann starb 1763; ihre Mutter, geborene d'Orville, setzte nach seinem Tode das Bankgeschäft fort. Bei Verwandten des Namens d'Orville wohnte Lili in Offenbach und zwar in dem Hause „auf dem Linsenberge" (IV, 221), wo der Grammatiker Dr. med. Karl Ferdinand Becker später eine Erziehungsanstalt errichtete; hier wurde auch die Verlobung Lili's mit Goethe gefeiert.

Goethe schreibt (IV, 223), daß er „von der Landstraße zwischen Offenbach und Frankfurt, die Stufen hinauf, welche zu den Weingärten führen," zum Röderberg gelangt sei. Dies ist ein Irrthum, es kann vielmehr nur der auf der linken Mainseite gelegene Mühlberg gemeint sein, dessen höchster, eine herrliche Aussicht bietender Gipfel denn auch vom Frankfurter Verschönerungsverein als Goethe's-Ruhe zugänglich gemacht worden ist. Lili vermählte sich am 25. August 1778 mit dem Straßburger Bankier Bernhard Friedrich von Türckheim (1752—1831). Aus dieser Ehe entsprangen vier Söhne: Friedrich, Karl, Wilhelm und

Heinrich und eine Tochter Elisabeth. Im Jahre 1793 mußte Türckheim fliehen, um nicht der Guillotine zu verfallen; er wandte sich mit seinen Söhnen Karl und Wilhelm und seiner Tochter nach Frankfurt. Ihm folgte später seine Frau, welche, als Bäuerin gekleidet, mit ihrem ältesten Sohne an der Hand, ihren jüngsten auf dem Arm, zu Fuß bis nach der Vaterstadt gelangte. Die Familie wohnte längere Zeit in dem Gontard'schen Garten vor dem Untermainthor und zog später nach Erlangen. Nach dem Siege der gemäßigten Parteien Frankreichs kehrte die Türckheim'sche Familie nach Straßburg zurück. Lili starb am 6. Mai 1817 auf ihrem Gut zu Kraut-Ergersheim im Elsaß. Der Trauer-brief des Gatten an seinen Jugendfreund, den Bürgermeister von Frankfurt Dr. Joh. Wilh. Metzler aus Straßburg⁺³) enthält die Stelle: „Mein Trost hinnieden sind die Kinder, die alle ohne Ausnahme der Mutter Pflege und Bildung einen reichen Kranz flechten.“ — Ins Jahr 1775 fällt das Gedicht an Peter Hieronymus Schlosser, welches in den Werken (I, 464) abge-druckt ist und zuerst in Schlossers Poematia (Frankfurt 1775), erschien. In der fünften Zeile muß es jedoch „Römer“ statt „Richter“ heißen⁺⁴). — Erst im Jahre 1792 sah Goethe, als er im August zum Herzog von Weimar ins Lager der Verbün-deten reiste, die Vaterstadt und die Mutter wieder. Er verweilte hier vom 13. bis 20. August.

Als er auf der Rückkehr von dem unglücklichen Feldzug Ende October in Trier angelangt war, erhielt er (G. W. IV, 474) „mitten im Unheil und Tumult einen verspäteten Brief seiner Mutter, ein Blatt, das an jugendlich ruhige, städtisch-häusliche Verhältnisse gar wundersam erinnerte,“ indem die Mutter beauftragt war, anzufragen, ob ihr Sohn nach dem Tode seines Oheims, des Schöffen Textor († 19. Sept. 1792) geneigt

fei, eine Rathsstelle in Frankfurt anzunehmen, wenn ihn die goldene Kugel träfe. Goethe beantwortete diese Anfrage erst nach
seiner Rückkehr nach Weimar am 24 Decbr. und zwar im ablehnenden Sinn. Der Brief Goethe's ist im zweiten Bande
von Riemer's Mittheilungen über Goethe und in Kriegk's
Senckenberg (S. 378) mitgetheilt. In dem Briefe ist nur die
Dankbarkeit gegen den Herzog als Ablehnungsgrund angeführt,
in der „Campagne in Frankreich" (a. a. O., S. 475). sind als
weitere Motive angeführt der unsichere Zustand seiner eben erst
(am 2 Dec. 1792) aus den Händen der Franzosen befreiten, noch
von Krieg umtobten Vaterstadt und seine innerliche Entfremdung
von den städtischen Bedürfnissen und Zwecken.

Einen längeren Aufenthalt nahm Goethe wieder in der
Vaterstadt im Mai des folgenden Jahres, wo er seinen Herzog
zur Belagerung von Mainz begleitete. Er arbeitete in Frankfurt
ein Paar Wochen mit Sömmerring und verließ die Stadt am
26. Mai 1793 (G. W. IV, 499)⁴⁵). Nach der Capitulation
von Mainz erhielt er am 24. Juli Urlaub zur Heimkehr. Er
traf mit seinem Schwager Schlosser, der unterdeß seine zweite
Tochter Julie verloren hatte, in Heidelberg zusammen, ermunterte
in Frankfurt, wo er vom 11. bis 19. Aug. verweilte, die
Mutter, ihre Besitzungen zu verkaufen, (G. W. IV, 605) sonst
„wußte er von seinem Aufenthalt in Frankfurt wenig zu sagen"
(G. W. IV, 510). Am 28. August kehrte er nach Weimar
zurück.

Besser sind wir durch Goethes Briefe über seinen Aufenthalt in Frankfurt seit 3. August 1797 unterrichtet (G. W. IV,
514). Offenbar hatte ihn bei dem früheren Besuch in der
Vaterstadt der ungewohnte Anblick von Kriegsscenen und Leiden,
die allgemeine Unsicherheit der Verhältnisse, die zahlreichen Ent

täuschungen beherrscht und absorbirt; jetzt sah er mit den Augen des neugierigen Fremden die Vaterstadt wieder, ihren lebhaften Verkehr, ihre großstädtische bauliche Entwickelung; das Theater beurtheilte und schematisirte er als Kenner. Im weiteren Verlauf seines Aufenthalts merkt man den Briefen Goethe's an, wie er wieder heimisch wird in der Vaterstadt, wie ihn die baulichen Veränderungen interessiren. Er wiederholt die Klage seiner Jugend (G. W. IV. 4) von dem mangelnden Durchbruch zwischen Zeil und Liebfrauenberg und vergleicht die Bauart der Frankfurter Häuser mit der von Leipzig. Freunden, welche mit Frankfurt nicht näher bekannt sind, sucht er ein lebhaftes Bild der Vaterstadt und ihrer Eigenthümlichkeiten zu entwerfen.

Um nun ins Einzelne überzugehen, so war die französische Kriegs-Contribution (G. W. IV, 515) der Stadt von General Jourdan nach der Kapitulation vom 14. Juli 1796 auferlegt. Sie betrug etwas über 10 Millionen Francs⁴⁶).

Das Schweizer'sche Haus auf der Zeil, jetzt Russischer Hof, (S. 515. 519) war kurz vor Goethe's Anwesenheit in Frankfurt durch den kurpfälzischen Baurath von Pigage für den Kaufmann Alessina genannt von Schweizer, großartig im italienischen Styl erbaut. Das Bethmann'sche, früher von Riese'sche Gut (S. 516), auf welchem Herr von Schwarzkopf wohnte, ist die im v. Rothschild'schen Besitz befindliche Grüneburg, mit neu erbautem Schloß und Parkanlagen.

Der geschickte Decorationsmaler Georg Fuentes, (S. 516 518) auf welchen Goethe mehrmals zurückkommt, war 1756 in Mailand geboren und wirkte von 1769—1805 in Frankfurt; später war er in Paris; er starb 1821 in seiner Vaterstadt. Die Fleischbänke (S. 519) — Goethe vermeidet seinem Correspondenten zu lieb, den heimischen Ausdruck Schirnen anzuwen-

ben — find erft feit 1864 in der ganzen Stadt vertheilt worden;
der Markt gar ift erft 1871 in den oberen Theil der Stadt ver=
legt worden.

Die beiden reformirten Bethäufer (S. 519) find, nachdem
die Reformirten lange zum Gottesdienft nach Bockenheim hat=
ten hinausfahren müffen (S. 228), von 1788—90, das fran=
zöfifche an der Stadtallee (Goetheplatz), das deutfche am großen
Kornmarkt erbaut.

„Die neu erbaute Lutherifche Hauptkirche" (S. 519), an
welcher Goethe fo herbe Kritik übt, ift die Paulskirche, wie fie
feit ihrer Eröffnung 1833 genannt wurde, urfprünglich Barfüffer=
kirche, ein im dreizehnten Jahrhundert aufgeführtes Gebäude,
welches 1782 wegen Baufälligkeit gefchloffen und 1786 abgebrochen
wurde.

Der Zwifchenraum von mehr als vier Jahren war veranlaßt
durch den Streit zwifchen dem Rath und den bürgerlichen Col=
legien, welche zunächft zur Finanzcontrole berufen waren, aber
der Verfuchung nicht widerftehen konnten, fich beftändig in die
Regierung einzumifchen und wegen des Platzes und der Form
der Kirche ihre Bedingungen zu machen. Auch nachdem am 6.
Juni 1787 der erfte Spatenftich zum Bau der neuen Kirche
gethan war, wiederholten fich diefe Streitigkeiten, über welche
die Entfcheidung bei den Hofbaumeiftern in Darmftadt, Mainz,
Mannheim, Würzburg und Stuttgart und endlich beim Ober=
hofbauamt in Berlin gefucht wurde. Erft im Frühjahr 1789,
alfo nach Verluft von zwei Baujahren, nahm man die unter=
brochene Arbeit wieder auf, welche dadurch noch verzögert wurde,
daß es nöthig war, den ganzen maffiven Bau auf Pfahlrofte zu
gründen.

Man war bis zum Auffchlagen des Daches gediehen, als

am 22. October 1792 Cüstine, von Mainz kommend, die Stadt besetzte und ihr zwei Millionen Gulden Contribution auferlegte. Zwar wurde das Kirchendach noch vollendet, aber zum Ausbau der Kirche ließen die durch die beständigen Kriege zerrütteten Finanzen der Stadt es nicht kommen. Der Glockenthurm blieb auf zwei Stockwerke beschränkt und die Treppenhäuser entbehrten des Ausbaus. So sah sie Goethe; seine Aeußerungen beziehen sich nicht allein auf den ästhetischen Werth des Kirchenbaues, sondern auch auf die Ursachen, welche diese Mißstände hervorgerufen. Die Stelle (S. 520): „Die Hauptursache von den in früheren Zeiten vernachläßigten öffentlichen Anstalten ist wohl eben im Sinne der Unabhängigkeit der einzelnen Gilden, Handwerke, und dann weiter in fortdauernden Streitigkeiten und Anmaaßungen der Familien, Klöster und Stiftungen zu suchen, ja in den von einer Seite lobenswürdigen Bestrebungen der Bürgerschaft. Dadurch ward aber der Rath, er mochte sich betragen wie er wollte, immer gehindert, und indem man über Befugnisse stritt, konnte ein gewisser liberaler Sinn des allgemein Vortheilhaften nicht stattfinden," gibt auch einen Wink über die Gründe, welche Goethe abhielten, die angebotene Stelle im Regierungscollegium seiner Vaterstadt anzunehmen[47]).

Gegen das hohe Spiel in den Wirthshäusern der Stadt und auf deutschherrischem Grund und Boden, welches Goethe in dem Briefe vom 19. August 1797 (S. 521) erwähnt, sind die Behörden mit scharfen Edicten eingeschritten. Am 2. Novbr. 1797 wurden alle Wirthe, welche Hasardspiele dulden, ferner alle Mitspieler und Bankhalter, wofern sie hiesiger Jurisdiction unterworfen sind, mit einer Geldstrafe von 500 Rthlr. bedroht. Im Rückfall sollen die Wirthschaften auf unbestimmte Zeit geschlossen, die übrigen Schuldigen mit doppelter Strafe angesehen werden.

Bürger und Einwohner sollen verantwortlich gemacht werden,
daß kein bei ihnen wohnender Fremder Hasardspiele treibe. An-
geber sollen ein Drittel der Straffumme oder, wenn keine Geld-
strafen erkannt worden, 50 Rthlr. Belohnung ex aerario erhalten.

Auch die von Goethe (S. 521) erwähnte Wiederbezahlung
der Kriegsschulden hat bewegliche Aufforderungen des Raths
vom 18. Juli und 10. August und Erinnerungen der Rechnungs-
commiffion vom 23. August und 12. October 1797 hervorge-
rufen⁴⁸).

Goethe's Mutter hatte, dem Rathe ihres Sohnes folgend,
am 1. Mai 1795 ihr Haus für 22,000 fl. mit 4000 fl. Anzah-
lung an den Weinhändler Blum verkauft, welcher daffelbe bereits am
17. Februar 1796 mit 6000 fl. Gewinn weiter verkaufte. Goethe's
Mutter zog in das Haus zum „Goldenen Brunnen" (Roßmarkt 8)
und wohnte hier bis zu ihrem am 13. September 1808 erfolgten
Tode. Am 18. November 1808 wurde der Goethe'sche Garten
vor dem Friedberger Thor versteigert. Der Arzt von Goethe's
Mutter war ihr Neffe, Dr. Johann Georg David Melber, geb.
1772, gest. 1824. Den Brief, welchen Goethe am 19. Sept.
an Dr. Melber richtete, habe ich zuerst nach dem Original ab-
drucken laffen⁴⁹).

Nach dem Tode der Mutter sah Goethe seine Vaterstadt
erst am 12. September 1814 wieder.

Die Oberpostamtszeitung empfing ihn mit folgendem, vom
13. datirten Artikel: „Seine Excellenz der herzoglich-sächsisch-wei-
marische Geheimerath Hr. von Goethe, der größte und noch
lebende älteste Heros unserer Literatur, ist gestern, von Wiesbaden
kommend, hier in seiner Vaterstadt eingetroffen, die zwanzig
(richtiger siebzehn) Jahre lang deffen erfreulicher Gegenwart be-
raubt war." Die Festlichkeiten, welche ihm bei seiner Anwesenheit

(900)

gelegentlich der Aufführung des Tasso angeblich im Theater bereitet wurden und noch in der achten Auflage von Lewes' Leben Goethe's (1873, II, 494) beschrieben stehen, sind, wie Prof. Creizenach (Allg. Ztg. 1872. Nr. 186, Beilage) nachgewiesen hat, eine Mystification Willemer's, (Morgenblatt 1814, Nr. 233) welcher seine Mitbürger dadurch wegen ihrer Gleichgültigkeit tadeln wollte. Als Erdichtung ist die Geschichte schon in demselben Jahre (Morgenblatt 1814, Nr. 313) nachgewiesen worden. Vom 24. September bis 10. October war Goethe in Heidelberg und Darmstadt,[50]) der ersten Feier des 18. Octobers wohnte er in Frankfurt bei (G. W. IV, 679). Am Abend begab er sich nach dem Landsitz der Familie Willemer, der unweit Oberrad an der linken Mainseite gelegenen Gerbermühle, um von dort aus dem Schauspiel der auf Arndt's Anregung auf allen Bergen auflodernden Octoberfeuer beizuwohnen[51]).

So flüchtig diese Begegnung war, so nachhaltig waren ihre Folgen; haben wir doch in ihr vielleicht das bestimmende Motiv für die zweite Rheinreise zu suchen. Am 24. Mai 1815 verließ Goethe Weimar, am 27. trifft er in Frankfurt ein, wo er nur kurze Zeit verweilt, aber doch Gelegenheit findet, mit Willemer zu sprechen und ihm die feste Zusage zu geben, im Laufe des Sommers von Wiesbaden aus zu längerem Aufenthalte auf der Gerbermühle einzukehren. Diesem Versprechen kommt Goethe nach am 12. August. Auf der Gerbermühle begannen im Verkehr mit der anmuthigen kleinen Frau jene hellen sonnigen Tage, deren Abglanz in dem Buche Suleika des Divans uns so freundlich anmuthet. Diplomatische und fürstliche Besuche störten die ersten Tage seines Aufenthaltes auf der Gerbermühle: bald aber durfte er ganz sich und seinen Freunden leben. Da ging es hinaus, wie in seiner Jugend, nach den alten bekannten Stätten:

in den Wald, zum Forsthaus, auf den Sandhof, oder in den „Schwanen" nach Niederrad. Am 26. August wohnte Goethe auf dem Forsthause der Hochzeit des Stadtbaumeisters Johann Friedrich Christian Heß (1785—1845) mit Fräulein Johanna Neuburg bei.

„Das Bild", über welches Goethe als über „schrecklich alt-deutsches neudeutsches Gepinsel" (S. Boisserée I. 269) sich ent-setzt, ist der heilige Hubertus von J. D. Passavant, dem späteren Inspector der Städel'schen Galerie; es befindet sich gegenwärtig in der Städtischen Gemäldesammlung zu Frankfurt.

Der 28. August, Goethe's Geburtstag, zu dem der treue Boisserée (I. 271) noch am 27. Abends spät mit der Laterne Lorbeer-zweige gekauft hatte, gestaltete sich zu einer ganz besonderen Feier.

Boisserée schreibt darüber:

„Die Familie Willemer, Herr Scharf und seine Frau (geb. Willemer), Fritz Schlosser (Stadtgerichtsrath, Sohn von Dr. Hie-ronymus Peter Schlosser, dem Bruder von Goethe's Schwager, [vrgl. S. 19]; geb. 1780, gest. 1851), der Kastenschreiber Riese (vrgl. oben S. 35), alter Schulkamerad von Goethe, und Seebeck sind schon mit dem alten Herrn beim Frühstück versammelt. Das große Gartenhaus war ganz mit Schilf ausgeziert, wie Palmen-bäume zwischen den Fenstern gebunden, oben überhängend. An der hinteren Wand, wo der Alte saß, war ein großer Spitzschild von Laubkränzen angebracht, darinnen ein runder Kranz von Blumen, nach der Farbentheorie geordnet. Hier brachten ihm die Frauen des Hauses, Frau Willemer und Frau Städel (Tochter Willemer's, später Frau Dr. Thomas) zwei Körbe, den einen voll der schönsten Früchte, den andern mit den prächtigsten, meist ausländischen Blumen. Auf den Körben lag ein Turban vom feinsten indischen Musselin, mit einer Lorbeerkrone umkränzt,

alles in Anspielung auf seine jetzige Liebhaberei für die orien-
talische Poesie, besonders weil auch unter seinen Gedichten ein
großes Lob des Turbans vorkommt. Frau Städel hatte dazu
die Aussicht aus Goethe's Fenster auf die Stadt Frankfurt recht
hübsch gezeichnet, und Frau Willemer einen kleinen Kranz von
Feldblumen aufgeklebt, worein sie einen passenden Spruch aus
dem Divan geschrieben hatte, und unter die Zeichnung einen
passenden auf Hafisen's Geburtsstadt [52])

Ehrmann [53]) hatte allegorische Bilder von den Jahres-
zeiten geschickt; Christian Schlosser eine Kreuzabnahme von
Daniel von Volterra. Morgens hatte Frau Hollweg [54]) in einem
Boote Musik machen lassen, sehr schöne Harmonien. Es war
so eingerichtet, daß sie anfing, als Goethe eben aufstand. Ei,
ei, sagte er etwas ängstlich und bedenklich, da kommen ja gar
Musikanten; doch fand er sich bald zurecht, weil die Musik sehr
gut war. Dann gab's ein Mißverständniß mit einem Ducaten,
den der Alte durch seinen Bedienten Karl an die Musikanten
schickte. Sie wollten und konnten natürlich nichts nehmen, es
war das Theaterorchester, und fanden sich dadurch beleidigt. —
Willemer eröffnete den Tisch mit einer passenden Anrede und
Anspielung auf Freimaurersitte und brachte Goethe's Gesund-
heit aus in 1748er Rheinwein. Durchgehends herrschte eine
muntere Stimmung. Dann kam ein Brief vom Consistorium
mit dem gedruckten Erlaubnißschein zur Haustaufe eines an diesem Tage geborenen unehlichen Sohnes Wolfgang. Ein zweiter
Brief kam in Knittelversen von einem Meistersänger Christian,
darin war eine kurze Wiederholung von Goethe's Biographie,
soweit sie jetzt gedruckt ist, mit den Namen aller seiner Mädchen
in den Reimen, aber ohne den seinigen. Goethe merkte es
gleich, beide Späße waren von Dr. Ehrmann."

Wir können an dieser Stelle das genußreiche Leben nicht
weiter verfolgen, welches Goethe in der Vaterstadt führte, ver-
schönt durch Liebe und Freundschaft, durch Freude an der Natur
und der Kunst und jenen Zauber, welchen Jugenderinnerungen
auf den gereiften Mann üben. Am 8. Sept. war Goethe nach
Frankfurt übergesiedelt in Willemer's Haus am Fahrthor „zum
rothen Männchen" (jetzt Alt'sche Badeanstalt); nach einem noch-
maligen kurzen Besuch auf der Gerbermühle reiste er am 19.
mit Sulpiz nach Heidelberg ab, wo Karl August mit ihm zu-
sammentreffen sollte. Da sich des Herzogs Ankunft verzögerte,
ließ Goethe durch Boisserée Willemer bitten, mit Marianne und
den Seinen nach Heidelberg zu kommen. Hier vereinigte der
24. und 25. noch einmal den kleinen Freundeskreis; „von Suleika war mein Kommen, zu Suleika war mein Gehen." Goethe
sah Mariannen nie wieder, aber die wenigen Wochen vertraulichen
Verkehrs mit der liebenswürdigen, anmuthigen Frau begründeten
ein bis zu des Dichters Tode dauerndes, durch einen lebhaften
Briefwechsel genährtes Verhältniß.

Die für das folgende Jahr geplante Rheinreise mußte unter-
bleiben, weil H. Meyer, Goethe's Reisegefährte, sich durch einen
Sturz des Wagens nicht unerheblich verletzte.

Goethe hat seine Vaterstadt nicht wieder betreten, aber die
Frankfurter Freunde bildeten fortan eine stille Gemeinde, die, in
regem Verkehr mit Weimar, kein höheres Ziel kannte, als die
pietätvolle Pflege derjenigen Bestrebungen, welche der große
Freund mit ihnen getheilt. Sie hatten das Verdienst, daß der
am 2. Decbr. 1817 erfolgte Austritt Goethe's aus dem Frankfurter Bürgerverband 55) nicht noch schlimmer aufgenommen wurde,
und daß dennoch sein siebzigster Geburtstag in Frankfurt feier-
lich begangen werden konnte. Wir wissen aus den „Tages- und

Jahresheften," daß Goethe seinen siebzigsten Geburtstag auf der Reise zwischen Hof und Karlsbad zubrachte, um in gewohnter Weise der Feier desselben auszuweichen.

Am Freitag den 27. fand eine Vorfeier im Frankfurter Museum statt, am Geburtstage selbst wurde ein Festmahl von etwa 200 Gedecken im Saale des „Weidenbusches" (heute Hôtel de l'Union) veranstaltet, und dabei Goethe's Büste mit einem goldenen Lorbeerkranze geschmückt, welcher mit Smaragden besetzt war, und die Inschrift trug: „dem Liebling der Musen, Johann Wolfgang von Goethe von Bürgern seiner Vaterstadt geweiht". Dieß Geschenk wurde am Schlusse der Feier eingepackt und nach Weimar gesandt. Am Abend war Fest-Vorstellung im Theater; es wurde Tasso gegeben mit einem vom Schauspieler Weidner gesprochenen Prolog. An Dr. Melber, einen der Urheber der Feier, sandte Goethe seinen Dankbrief für die Mitglieder des Comité, welche ihm jenen Kranz gesandt, und konnte nicht umhin, in dessen Eingang zu versichern, „daß er mit seiner lieben Vaterstadt, ungeachtet aufgehobener bürgerlicher Verhältnisse, sich aufs Innigste verbunden fühle."⁵⁶)

Die Geburtstagsfeier Goethe's in Frankfurt sollte nicht ohne Folgen bleiben. Sulpiz Boisserée war dazu nach Frankfurt gekommen; er hatte den 28. Aug. 1819 bei Bürgermeister Thomas mit Thorwaldsen zugebracht, in Stuttgart war er mit Dannecker, dem Schwager von Boisserée's Freund und späteren Schwiegervater Gottlieb Heinrich Rapp, befreundet, — kein Wunder, daß im Kreise der Verehrer Goethe's der Plan eines plastischen Denkmals für denselben auftauchte und bald greifbare Gestalt gewann. Am 8. Decbr. 1819 fand die erste Sitzung des Comité statt. Die Verhandlungen, welche bis 1825 dauerten, blieben bekanntlich erfolglos, die Büste und Statuette Goethe's

von Rauch ist ihr einziges Ergebniß, während das riesenhafte
Project eines Tempels auf der Spitze der Maininsel, wie es bereits
im „Rheinischen Taschenbuch" für 1822 abgebildet war, nie
verwirklicht worden ist. Ich habe (a. a. D. S. 106—114) nach
den in Boisserée's Briefwechsel zerstreuten Materialien den Gang
der Verhandlungen dargestellt, und will hier nur zwei interessante
Aeußerungen Goethe's hervorheben. Am 14. Jan. 1820 schrieb
Goethe an Boisserée: „Sollte es nicht etwas bedenklich sein, einen
Bildhauer dahin zu senden, wo er keine Formen mehr findet?
wo die Natur nach ihrem Rückzuge sich nur mit dem Nothwen-
digen begnügt, was zum Dasein allenfalls unentbehrlich sein
möchte; wie kann dem Marmor ein Bild günstig sein, aus dem
die Fülle des Lebens verschwunden ist?" Am 11. Sept. schreibt
er: „Unter den plastischen Zierden jenes Monuments gedenken
Sie einer Lampe, welche als herkömmliches Zeichen eines geistigen
Fleißes allerdings zu billigen ist. Nun mache ich aber die Bemerkung, daß ich weder Abends noch in der Nacht jemals gearbeitet
habe, sondern bloß des Morgens, wo ich den Rahm des Tages
abschöpfte, da dann die übrige Zeit zu Käse gerinnen mochte."

Die nächste Beziehung Goethe's zu seiner Vaterstadt ergab
sich, nachdem er auch vom Frankfurter Senat, wie von den andern
Deutschen Staaten, das Privilegium erlangt hatte, um den Nach-
druck der Gesammtausgabe seiner Werke zu verhindern. Am 13.
Januar 1826 richtete Goethe folgendes Dank-Schreiben an den
Senat von Frankfurt:

„Einem hohen Senat
Verehrung und Vertrauen!

Niemand wird leugnen, daß demjenigen ein besonderes
Glück zugedacht sei, der sich gern und mit Freuden seiner
Vaterstadt erinnert. Mir ist es geworden, indem ich mich rühmen

darf, durch Geburt einer der vier Städte anzugehören, welche ihre Freiheit von den ältesten Zeiten her bis auf den heutigen Tag erhalten haben. Gewiß ist kein schönerer Blick in die Geschichte, als derjenige, der uns belehrt, wie die Städte des nördlichen und südlichen Deutschlands durch Thätigkeit, Rechtlichkeit, Zuverlässigkeit die bedeutendsten Körper gebildet und sowohl über dem Meer, als über den Bergen, indem sie Leben und Handel verbreiteten, sich die größten Vortheile zu sichern wußten. Daher ist solchen Corporationen anzugehören für den denkenden und fühlenden Menschen von der größten Wichtigkeit, und er ehrt sich selbst, wenn er auszusprechen wagt, daß er des treuen biedern Sinnes seiner frühesten Stadtgenossen sich auch entfernt unter den mannigfaltigsten Umständen und Bedingungen nicht unwerth zu erweisen das Glück hatte, ja wenn man ihm das Zeugniß nicht versagt, daß er den gemäßigten Freisinn, eine rastlose Thätigkeit und geregelte Selbstliebe,- wodurch seine Mitbürger ausgezeichnet sind, an sich in den vielfältigsten Lagen zu erhalten getrachtet hat. — Nehmen deshalb die hochverehrten freien Städte, deren jede ich mit der Empfindung eines Mitbürgers betrachten darf, meinen verpflichteten Dank, daß sie durch ein entschieden ausgesprochenes Privilegium mir und den Meinigen die öconomischen Vortheile unablässig bemühter Geistesarbeiten haben zusichern wollen.

Darf ich nunmehr mit der Hoffnung schließen, daß diese glückliche Einleitung auch künftig andern Mitgenossen der literarischen Welt zu Gute kommen werde, so empfinde den Vorzug doppelt mich ebenso getrost als verehrend unterzeichnen zu können.

Weimar, den 13. Jan. 1826. Eines hohen Senats
ganz gehorsamster Diener
Joh. Wolfg. von Goethe.

Aus der Fassung dieses Schreibens erhellt, daß es gleich-
lautend auch den Senaten von Hamburg, Lübeck und Bremen
überschickt wurde.

Goethe's Tod fiel in eine politisch aufgeregte Zeit, und
speciell in Frankfurt nahm der Durchzug der Polen im März
1832 alle Interessen in Anspruch. Börne's und W. Menzel's
Schmähungen gegen den aristokratischen Minister fielen in der
Zeit gerade auf fruchtbaren Boden, und so fand, wenigstens in
der Oeffentlichkeit, Goethe's Tod nicht die Theilnahme, welche
sich geziemt hätte. Erst 1836 konnte das Denkmal Goethe's
wieder angeregt werden. Es geschah dieß auf einer General-
versammlung des Kunstvereins am 11. December. Am 12. März
des folgenden Jahres fand die erste Sitzung eines zu diesem
Zwecke zusammengetretenen Comité statt. Am 22. October 1844
konnte das von Schwanthaler geformte, von Stiglmeier in München
gegossene Denkmal in der Stadtallee, welche fortan „Goetheplatz"
genannt wurde, mit entsprechenden Feierlichkeiten enthüllt werden.
An demselben Tage wurde an seinem Geburtshause eine Denk-
tafel angebracht.[57] — Schon vor Vollendung dieses öffentlichen
Denkmals hatte ein Verein von drei Männern: Heinrich Mylius,
Markwart Seufferheld und Eduard Rüppell durch den Bildhauer
Marchesi in Mailand ein sitzendes Marmorbild des Meisters an-
fertigen und dasselbe, Goethe's früher ausgesprochenem Wunsche[58]
gemäß, in der Vorhalle der Stadtbibliothek aufstellen lassen
(1840).

Ein weiteres Denkmal hat dem Andenken Goethe's gestiftet
Karl Theodor Reiffenstein in seinen photographisch vervielfältigten
„Bildern zu Dichtung und Wahrheit," welche in der größt-
denkbaren Treue alle in Goethe's Jugendgeschichte erwähnten
Frankfurter Localitäten unserem Auge vorüberführen.

Anmerkungen.

1) Goethes Werke IV, 46. Kriegk Geschichte von Frankfurt 1871. S. 237—417. Moritz Stadtverfassung der Reichsstadt Frankfurt 1785. I. 210, 122, 143.

2) G. W. IV. 12.

3) Das Nähere in meinem Aufsatz im historischen Taschenbuch. 5. Folge. Zweiter Jahrgang 1872. S. 201, ferner Dr. F. Scharff im Archiv für Frankfurts Geschichte und Kunst. Neue Folge II. 255. G. W. IV, 224.

4) Reisen. Ausgabe von 1751. S. 1473.

5) G W. IV. 47. W. Stricker, Im Neuen Reich 1872 I. 611. Zeitschrift für Deutsche Kulturgeschichte 1856. S. 463. 703. 1859. S. 564. J. J. Schudt, Jüdische Merkwürdigkeiten. Frankfurt und Leipzig 1714. 4, besonders der zweite Theil. Kriegk, Bürgerzwiste. Frankfurt 1862. S. 405. J. G. Gottfried Chronika. Frankfurt 1657. S. 688. 689. H. Faber Beschr. von Frankfurt 1788. I. 325. 460.

6) G. W. IV. 3. Kriegk, Deutsches Bürgerthum im Mittelalter. Frankfurt 1868. S. 403—7.

7) G. W. IV. 5. Archiv für Frankfurts Geschichte und Kunst. Neue Folge. I. 275 (1860.) Gwinner, Kunst und Künstler in Frankfurt 1862. S. 68.

8) Archiv für Frankfurts Geschichte und Kunst. 5 Heft. Gwinner a. a. O. S. 150—154.

9) Archiv. N. F. I. 354 (1860) Im Neuen Reich. 1873. I. 52.

4*   (909)

10) Mittheilungen des Vereins für Geschichte und Alterthumskunde zu Frankfurt a. M. I. 186. G. W. IV, 22.

11) Stammbaum am Schluß von M. Belli-Gontard, Leben in Frankfurt 1850. X. Band. Bildnisse in „Gedenkblätter an Goethe" Frankfurt, Keßler. 1845. 4°.

12) G. W. IV. 11. Briefwechsel zwischen Schiller und Goethe. Ausgabe von 1856. I. 351. Archiv. Neue Folge. II. 438 (1862).

13) G. W. IV, 2.

14) Archiv. Heft I. und III. G. W. IV, 65.

15) Archiv. Heft III. VIII. Mittheilungen I. 74. 128. Dr. Römer, die Wahl- und Krönungskirche ꝛc. F. 1857. I Lersner, Chronik von Frankfurt II. 107.

16) Dr. O. Volger (Goethe's Vaterhaus. Frankfurt 1863. S. 2) leitet den Namen des Hauses Braunfels von einem braunrothen Sandsteinblock ab. Der Braunfels gehörte aber der gleichnamigen Patricierfamilie, welche aus Braunfels bei Gießen stammt, vergl. Battonn, örtliche Beschreibung v. F. IV 236.

17) Mittheilungen IV. 111. 144.

18) Die deutschen Kaiser nach den Bildern des Kaisersaals im Römer zu Frankfurt in Kupfer gestochen und in Farben ausgeführt, mit den Lebensbeschreibungen der Kaiser von Alb. Schott und K. Hagen. Frankfurt, H. Keller. — Kriegk, Geschichte von Frankfurt 1871 S. 202.

19) „Gefüllt sind alle Wände bis an den letzten Saum, kein weit'rer Kaiser hätte mit seinem Bildniß Raum" A. Kopisch.

20) Dr. O. Volger hat sich durch seine Schrift: „Goethes Vaterhaus." Frankfurt 1863. 4°. ein unzweifelhaftes Verdienst um die Topographie desselben erworben. Seine später aber aufgestellte Ansicht, auch Friedr. Max Klinger sei in demselben Gebäude geboren, entbehrt allen Grundes. Wir wissen aus zuverlässigen Familien-Nachrichten, daß Klinger in dem jetzt neugebauten Hause Allerheiligengasse 49, früher zum Palmbaum genannt, geboren wurde. Die kritische Untersuchung, welche Prof. Dr. Theodor Creizenach in der germanistischen Section der Philologen Versammlung zu Kiel mitgetheilt hat, findet sich in dem 25. Bande der „Preußischen Jahrbücher" und im Auszug in den „Mittheilungen" III. 66. Da die irrige Volgersche Ansicht in dem Gedenkblatt für die Besucher des Goethehauses zu Frankfurt als unzweifelhafte Thatsache angeführt ist und als solche auch in R. Keil's Buch: „Die Frau Rath"

vorkommt, so war es nöthig, hier abermals dagegen zu protestiren. Vergl. auch die Festschrift zum zehnten Juristentage. Frankfurt 1872. S. 96.

21) Cornelia's Charakteristik findet sich G. W. IV, 73; ihr Bildniß nach der Zeichnung des Bruders in „Goethes Briefen an Leipziger Freunde" herausg. v. O. Jahn Leipzig 1849 und ebenda eine Anzahl Briefe, welche jenes Charakterbild vervollständigen. (S. 245 Note muß Gerock st. Gerold stehen.)

22) G. W. IV, 388.

23) G. W. IV, 581. 582. 679.

24) Ueber alle die Genannten findet man weitere Nachrichten, in dem Werke: Senator Dr. Gwinner, Kunst und Künstler in Frankfurt 1862, nebst: Zusätze und Berichtigungen 1867, welches zugleich die zahlreichen Irrthümer in Nagler's Künstlerlexikon berichtigt.

25) Aus Goethes Knabenzeit. 1757—59. Mittheilungen aus einem Originalmanuscript der Frankfurter Stadtbibliothek. Mit 6 Seiten Facsimile. Frankfurt 1846.

26) Archiv für Frankfurts Geschichte und Kunst 1854. VI. 199.

27) Ueber Dr. med. J. Chr. Senckenberg: J. M. Mappes, Festreden gehalten im naturgeschichtl. Museum. Frankfurt 1842. und W. Stricker Geschichte der Heilkunde in Frankfurt a. M. F. 1847 S. 143. 207. 329. 352. 364.

28) Ueber die ganze Familie ist jetzt die Hauptquelle: G. L. Kriegk die Brüder Senckenberg. F. 1869, und G. A. Scheidel, die Senckenberg. Stiftshäuser. F. 1867. 4⁰.

29) Treffen bei Nauheim 30 August, bei Amöneburg 21 Sept. 1758.

30) Den Wortlaut der Berichte derselben findet man in den Mittheilungen an die Mitglieder des Frankfurter Ver. für Gesch. I. 273.

31) Goethe's Werke, Berlin, Gustav Hempel. 20. Theil S. 303—8. Der Concertsaal abgebildet im Neujahrsblatt des Frankfurter Vereins für Geschichte etc. 1872 von K. Th. Reiffenstein.

32) Weiteres über die französische Occupation habe ich mitgetheilt in meiner „Säcularschrift," Frankfurt, Auffarth 1859, und „Im Neuen Reich" 1873, No. 27.

33) Kriegk, Senckenberg S. 320.

34) Kriegk, Senckenberg S. 325. Die Senckenbergische Bibliothek besitzt aus Albrechts Nachlaß einen Lucian, griechisch und lateinisch, Ausgabe von J. F. Reiz, Amsterd. 1743. 3 Bände 4⁰.

35) Reliquien der Frln. Suf. Kath. von Klettenberg. Hamburg 1848. S. 227.

35) Ueber die Entführungsgeschichte der Tochter vergl. (Stricker) Goethe's Beziehungen zu seiner Vaterstadt. Frankfurt 1862, S. 42—47, Im Neuen Reich 1872. I. 376—381, Kriegk's Senckenberg S. 369.

37) Kriegk, Senckenberg, S. 325—328.

38) Goethe als Mensch und Schriftsteller. 1823. Frankfurter Museum 1857 No. 11.

39) Goethe's Abhandlung über die Flöhe. Berlin, A. Duncker, 1839.

40) Robert Schneider, in den kritischen Jahrbüchern für deutsche Rechtswissenschaft 1839. V. 474. „Literarischer Betrug". Neues Jahrbuch der Berlinischen Gesellschaft für deutsche Sprache und Alterthumskunde IV, 225.

41) Kriegk, deutsche Culturbilder aus dem 18. Jahrhundert nebst Anhang: Goethe als Rechtsanwalt. Leipzig 1875.

42) Mittheilungen des Frankfurter Vereins für Geschichte und Alterthumskunde zu Frankfurt a. M. 1860. I. 136.

43) ebenda V. 92.

44) Die Frankfurter Iris vom 27 August 1825 gibt das Nähere über die Veranlassung des Gedichts.

45) Die Briefe Goethes an Sömmerring in Rudolf Wagner, S. T. von Sömmerrings Leben und Verkehr mit seinen Zeitgenossen. Leipzig 1844. I, 1.

46) Mittheilungen des Frankfurter Vereins ꝛc. IV, 355.

47) Das Nähere in meiner: Baugeschichte der Paulskirche (Barfüßerkirche) 1782—1813. 4°. (Neujahrsblatt des Frankfurter Vereins für Geschichte und Alterthumskunde für 1870.)

48) Frankfurter Raths- und Stadtkalender für 1798. S. 43. 45. 46.

49) Neuere Geschichte von Frankfurt, von Dr. W. Stricker. Frankfurt 1874. S. 104.

50) Sulpiz Boisserée. Stuttg. 1862. I. 225. 227.

51) Mittheilungen des Frankfurter Vereins etc. V. 87. Ueber den ganzen Aufenthalt sind zu vergl. Goethes Briefe an F. A. Wolf, Berlin 1868.

52)
Fluth und Ufer, Land und Höhen
Rühmen seit geraumer Zeit
So dein Kommen, so dein Gehen,
Zeugen deiner Thätigkeit.

(313)

Die Zeichnung mit dieser Unterschrift ist durch Kupferstich vervielfältigt worden. Da Goethe das Blättchen häufig mit seiner datirten Unterschrift versah und als Andenken verschenkte, so hat man die Zeichnung lange für sein eigenes Werk gehalten.

53) Ueber med. Dr. Christian Ehrmann vergl. meine „Beiträge zur ärztlichen Culturgeschichte" Frankfurt 1865, wo auch E.'s treffliche humoristische Schriften abgedruckt sind.

54) geb. Bethmann, Mutter des preuß. Ministers a. D. August von Bethmann-Hollweg.

55) Kriegt, Senckenberg S. 329.

56) Das Nähere in meiner „Neueren Geschichte v. Frankfurt" S 105

57) ebenda S. 250—253.

58) ebenda S. 112.

Druck von Gebr. Unger (Th. Grimm) in Berlin, Schönebergerstr. 17a.

www.ingramcontent.com/pod-product-compliance
Lightning Source LLC
Chambersburg PA
CBHW022038080426
42733CB00007B/885